Ortega y Gasset

L'exigence de la vérité

Yves Lorvellec
Christian Pierre

Ortega y Gasset

L'exigence de la vérité

ÉDITIONS MICHALON

Collection
Le bien commun

dirigée par
Antoine Garapon

35, rue Berger 75001 Paris
ISBN : 2-84186-156-2

Note bibliographique

Nous renvoyons, pour les traductions françaises, aux *Œuvres complètes* sous la mention *Œuvres*, suivie du tome en chiffres romains et de la page en chiffres arabes. Nous renvoyons à l'édition de référence des *Obras Completas* sous la mention *Obras*, suivie du tome en chiffres romains et de la page en chiffres arabes. On trouvera en fin de volume les références exactes des éditions utilisées.

Prologue

Le 7 septembre 1949, Ortega prononce à l'Université libre de Berlin, créée dans le secteur occidental, une conférence devant un public enthousiaste que l'ensemble des amphithéâtres mis à sa disposition ne pourra entièrement contenir. Son sujet est l'Europe. L'Europe vient d'être le théâtre de la seconde guerre mondiale. L'Allemagne, ravagée par les bombardements, coupée en deux, sa capitale elle-même divisée. Les peuples, sous le choc des révélations de l'horreur nazie, le peuple allemand sous le poids de la culpabilité. Le sort du monde décidé à Yalta par les deux superpuissances en voie de constitution, et donc en dehors de l'Europe.

L'ancien professeur de métaphysique de l'Université de Madrid est-il aveugle aux réalités des temps qui viennent de naître ? Ou a-t-il un sens particulièrement aiguisé du paradoxe, de la proposition intempestive, de l'ironie décapante ? Don José Ortega y Gasset, après douze ans d'exil, vient juste de regagner l'Espagne, où, *persona non grata* pour le régime franquiste, il se tient sur la réserve, à l'écart de l'université, à l'écart de la grande presse d'opinion dont il fut l'un des maîtres incontestés pour les générations de l'entre-deux-guerres. Cette époque même, qui fut celle de la maturité d'Ortega a été fertile en événements historiques d'importance : crise de la monarchie, dictature de Primo de Rivera, dont Ortega souffrira personnellement, création de la République espagnole et très vite les troubles qui conduiront à la guerre civile, puis à l'installation de la dictature franquiste. Dans ce temps de crises majeures, avec ce lourd bilan des désastres et des catastrophes, qui ne furent pas seulement les catastrophes matérielles, dans ce temps où la violence devient la base normale de la politique et de l'exercice du pouvoir, que peut bien signifier la « méditation » [1] ortéguienne sur l'Europe ?

Le philosophe ne peut se présenter en homme de parti, inclinant ses auditeurs dans le sens d'une position prédéfinie sur l'échiquier des positions politiques. La position partisane interdit d'éclaircir les problèmes, elle interdit donc sûrement la recherche d'une solution. Cette position est ancienne chez Ortega : son article *Ne pas être homme de parti* [2] date de 1930. Ensuite l'ensemble des événements que nous avons rappelé a un sens, une structure commune, qui a fait l'objet des réflexions d'Ortega depuis plus d'un quart de siècle et qu'on peut appeler la crise du monde contemporain dont les deux composantes les plus visibles sont la montée de la violence, l'installation de régimes dictatoriaux, l'annihilation du droit et d'autre part la perte du commandement par l'Europe [3]. À ce titre l'Europe en est sans doute le révélateur le plus évident. Certes cette longue méditation ortéguienne a été sans cesse remise en question, retravaillée, elle est comme un chantier ouvert en permanence dans l'œuvre immense d'Ortega.

S'il ne s'agit, enfin, ni de condamner ou de proscrire, ni de défendre ou de soutenir, mais seulement de comprendre, c'est le rôle de l'intellectuel qui est au centre de la recherche ortéguienne. L'intellectuel est l'homme du jugement. La difficulté est qu'il a, ici, à juger d'une réalité particulièrement délicate à saisir : la réalité historique. Il faut comprendre l'histoire pour pouvoir juger et éventuellement agir. Or l'histoire n'attend pas. L'intellectuel n'est-il pas ainsi condamné à l'inutilité pure et simple ? Ortega ne le pense pas, et c'est une nouvelle fonction de l'intellectuel qu'il essaie de définir, inédite au regard des positions traditionnelles en la matière, particulièrement au regard de la figure de l'intellectuel « engagé ». C'est donc la mission de l'intellectuel face à la politique, ou dans la politique qui est en cause. On peut deviner que cette caractéristique de la réflexion ortéguienne n'a pas été étrangère au succès de la conférence de Berlin devant un public d'étudiants qui, d'une part, avait fait ses choix en réclamant la création

1. Le titre de la conférence d'Ortega à Berlin est *De Europa meditatio quaedam*, *Obras*, IX, 247.

2. *Obras*, IV, 75.

3. Ortega développe particulièrement ces deux points dans son cours sur la Raison historique, *Œuvres*, II, 328, 359-60.

d'une université en zone libre et qui, d'autre part, avait sans aucun doute à l'esprit quelques exemples particulièrement remarquables d'engagement de grands intellectuels allemands confrontés aux exigences d'une des dictatures les plus violentes de l'histoire humaine, ou confrontés à la mise au pas de l'université en zone soviétique. Heidegger s'est compromis dans l'affaire du Rectorat, E. Jünger a repris du service dans la Wehrmacht, et ce qu'on a appelé son « exil intérieur » n'est pas toujours d'une très grande clarté. Adorno, Thomas et Heinrich Mann émigrent à l'avènement du nazisme, Wiechert se tient sur la réserve, il sera interné quelques mois à Büchenwald en 1939 et se fixera en Suisse après la guerre.

Avant même le contenu doctrinal, la pensée politique singulière qu'il propose, Ortega retient l'attention par un style de position philosophique à l'égard du politique. C'est sa manière d'envisager les questions politiques qui est neuve, par la préoccupation de se démarquer des grands « camps » idéologiques formés après la guerre [4]. Ortega démontre qu'on peut penser la politique sans s'enrôler nécessairement dans tel ou tel camp constitué, sans appartenir corps et âme à tel système d'interprétation théorique en vigueur. Condamnation du détachement, d'un apolitisme de mauvais aloi : on ne peut douter de sa conviction que la politique est une affaire importante. Mais retrait évident devant des engagements mal pensés. Des engagements que le jugement libre – que serait un jugement qui ne fût pas libre ? – oblige à reconsidérer, à examiner au moins. Ainsi une institution, à vocation manifestement intellectuelle, comme la *Société européenne de culture*, dont le but était de renouer le dialogue européen [5], se heurtera-t-elle très tôt au problème concret que posait à l'intelligence du phénomène politique la coupure en deux de l'Europe.

Il faut préciser les limites de notre propos. Nous ne prétendrons pas juger dans son cours quotidien l'action d'un homme particulier – Ortega y Gasset – dans une histoire qui n'est plus la nôtre, que nous n'avons pas connue, que nous ne pouvons que restituer à travers des témoignages et des études.

---

4. Camus, Grenier, lisant à la même époque les œuvres d'Ortega seront sensibles à cette caractéristique. Voir Camus, *Carnets* III, Gallimard, Paris, 1964, p. 134 sq., Grenier, *Carnets*, Seghers, Paris, 1991, p. 115 sq., p. 197 sq.

5. Ortega sera invité à présenter une communication aux rencontres qu'elle organise à Genève en 1951 (*Obras*, IX, 645).

Ce que fut ce temps pour les hommes qui l'ont vécu directement c'est-à-dire pour ces hommes que les événements surprenaient chaque jour, cela nous ne pourrons jamais le restituer en nous-même, car précisément ce ne sont plus des événements pour nous, des choses qui adviennent, qui sortent du noir obscur de l'avenir. Nous, nous savons la suite. Il est encore plus illusoire et vain d'imaginer ce que nous, nous aurions fait dans ce temps-là, de transporter idéalement notre être, qui est toujours un être actuel, dans un temps qui ne s'offre plus à aucun acte, à aucune vie.

En revanche les principes qui animèrent cette individualité sont d'une extrême clarté car ils ont été mis en pratique dans l'action publique d'Ortega, professeur, journaliste, conférencier, auteur, éditeur, député, et surtout ils ont été exprimés par lui-même dans ce style limpide et soucieux d'exactitude jusqu'au scrupule qui caractérise la prose d'un des plus grands modèles de la langue espagnole au XXe siècle : « propriété, clarté, exactitude sont aussi les divinités auxquelles je rends un culte fervent »[6]. Il n'y a donc qu'à lire. C'est une lecture de quelques textes d'Ortega que nous proposons ici. Car nous pouvons savoir les principes qu'il s'est donnés dans sa vie d'intellectuel, et dans ses rapports avec la politique.

Il y a d'abord une action politique d'Ortega : il a par exemple été élu député dans le premier parlement de la jeune République espagnole. Il a donné de nombreux articles d'opinion dans les grands journaux madrilènes ou argentins de l'époque, tels qu'*El Sol* ou la *Nación*. Il a dirigé personnellement certains de ces organes de presse qui furent en leur temps prestigieux. Il a fondé un groupement (plutôt qu'un parti) politique en vue des élections. Ce fut incontestablement un homme d'influence. Il s'est donc directement engagé dans l'action politique et la vie publique, bien plus que la plupart des grands intellectuels français de la même génération. Si sa signature est si importante, si convoitée, c'est bien sûr parce qu'elle compte, parce qu'il est lu, entendu, qu'il peut être suivi. Aucun des intellectuels « engagés » en France n'a connu un tel rayonnement public. Mais il faut plus encore souligner la différence entre l'implication réelle d'Ortega dans la vie politique et l'engagement à la française qui reste généralement

6. *Œuvres*, I, 195.

le fait d'intellectuels postés à l'extérieur de la vie politique et dont Zola est sans doute le premier et le plus typique représentant. Ce dossier est connu et les historiens peuvent le consulter. Ce n'est pas ce que nous retiendrons dans ce livre où nous ne prétendons pas faire œuvre d'historien[7].

Il y a deuxièmement son œuvre proprement philosophique, celle qu'il élabore par vocation et du fait de son enseignement à la Faculté de philosophie de Madrid où il est nommé en 1912, dans la chaire de Salmerón. Dans cette œuvre les occurrences politiques sont nombreuses, ce qui ne saurait surprendre, développées, claires et extrêmement solides quant à leur fondation et à leur sens, quant à l'axe choisi, à la « trajectoire », pour reprendre le terme de M. Marías[8]. Pour aller vite, Ortega pense nécessaire l'instauration en Espagne d'une République moderne. Il plaide pour le régime parlementaire. Son inspiration en matière de politique est alors constamment l'Angleterre, référence dont il ne variera jamais et d'autant plus significative que le Castillan qu'est profondément Ortega est assez généralement irrité par bien des traits des mœurs anglaises... Bref il voit dans ce que nous appelons une démocratie libérale, à condition de donner à ce dernier terme son sens exclusivement et traditionnellement politique, le modèle politique de notre temps.

Mais il faut ajouter un troisième point, essentiel : il tient, en politique, aux médiations, qui font à ses yeux l'essence du parlementarisme et de façon générale du système représentatif, avec tous ses échelons, du simple conseil municipal au parlement proprement dit, système qu'il oppose à celui de l'action directe. L'action directe, telle est la racine du mal contemporain, c'est par exemple la caractéristique essentielle du fascisme, mais on peut la retrouver dans la pratique du *« pronunciamiento »* espagnol ou dans le Boulangisme en France. On peut voir aussi la tendance au recours à l'action directe dans certaines formes de syndicalisme, dans les « coordinations » spontanées ou prétendues telles, qui naîtraient de la base. C'est pourquoi aussi un régime trop exclusivement présidentialiste, avec l'abaissement du Parlement, quoiqu'en fait moins dangereux est tout aussi discutable et doit être discuté. L'action

---

7. Voir sur ce point l'ouvrage de B. Bennassar, *Histoire des Espagnols*, t. 2, I, ch. 7, Paris, 1985.

8. J. Marías, Ortega, II, *Las trayectorias*, Madrid, 1983.

directe menace toujours l'État de droit. On voit déjà tout l'intérêt actuel de telles thèses...

C'est pourquoi Ortega se résout au silence (un silence d'ailleurs bruissant de paroles) dès que couve la crise espagnole, c'est-à-dire dès l'année 1934 : parce qu'il voit la République piégée par les extrémismes, le communisme ou les communismes d'un côté, le fascisme de l'autre. Des deux côtés, le recours systématique à la violence, dont il fera, avec bien d'autres, les frais personnellement. La violence comme forme normale de l'action politique est le point de non-retour qui scelle l'inutilité absolue de l'engagement intellectuel dans la politique. Les idées ne sont de rien dans la violence. Les idées n'ont de chance en quelque sorte que tant qu'il y a un État de droit, c'est-à-dire une volonté de faire régner le droit.

Il faut ajouter, pour finir, la perception, très tôt, d'un destin européen, de l'importance de l'origine européenne des grandes nations occidentales, comme si l'histoire récente avait été plus une erreur que la condamnation de ce destin. Il le voit plus tôt, plus lucidement peut-être du fait de sa propre nationalité. Comme tous les hommes de sa génération, Ortega juge le retard de l'Espagne sur les autres nations du continent comme la cause principale de ses difficultés. Être Espagnol, c'est donc être, être à nouveau, un Européen. Le retard de l'Espagne c'est d'avoir manqué son destin européen, dès le XVIIe siècle. Mais il le voit aussi en tant qu'Européen : il perçoit le problème qu'est devenu l'État-Nation, cette création typique de l'Europe et sans doute unique dans l'histoire du monde. Or le problème n'est pas le signe d'un échec, mais au contraire le motif très optimiste d'une entreprise, d'un projet d'avenir. L'Europe ne doit pas être le refrain d'une complainte nostalgique sur le déclin de l'Occident, elle doit être le thème d'une recherche, intellectuelle et pratique, bref d'une pensée et d'une action politiques. Ortega y est aussi sensible en raison du caractère cosmopolite de sa formation intellectuelle : il se soumet à la rigoureuse école de l'université allemande, il lit dans l'original les grandes langues européennes, français, allemand, italien, anglais, y compris dans leurs productions les plus récentes. Peu d'hommes, au début du XXe siècle, sont aussi européens que lui par la largeur de leur champ de vision. À côté de cela, un casticisme très fort, l'attachement à la culture castillane, au mode d'être espagnol, malgré les mots les plus durs dont il accable ses compatriotes recroquevillés sur leur « petit recoin » local, leur *« reconcito »*, sur l'« esprit de village », l'*« aldeanismo »*.

On comprendra l'ordre que nous avons suivi. Le premier chapitre tentera de dégager la figure de l'intellectuel selon Ortega et très précisément la figure de l'intellectuel face à la politique. C'est une autre exigence qui l'anime, distincte de celle, classique, de l'engagement, plus complexe mais sans doute aussi plus rationnelle : l'exigence de la vérité. C'est parce que l'intellectuel (chapitre II) doit accéder à la vérité des choses, qu'il doit philosopher. C'est l'exercice propre du philosophe de penser les essences, c'est-à-dire ce que sont les choses. L'exercice est d'autant plus nécessaire que, si la raison a réussi à proposer à la science, depuis le XVIIe siècle, un modèle efficace pour penser la nature, c'est loin d'être le cas en ce qui concerne les choses humaines et particulièrement l'histoire. La raison n'a donc pas seulement à développer un modèle d'intelligibilité déjà constitué, mais à en créer un nouveau qui s'adapte à ce type de réalité complexe qu'est la vie des peuples dans le temps. Comprendre la vie (chapitre III) c'est ainsi comprendre qu'elle est aussi histoire, parce que la vie secrète l'histoire. L'apport théorique de l'ortéguianisme, c'est l'idée de « raison historique ».

I
L'engagement intellectuel

I – L'intellectuel face à l'action

L'intellectuel est l'homme du jugement ou l'homme de la raison ; que peut-il bien faire avec la politique ? Et que peut-il bien faire, lui spécialement, de sa raison ? Car la raison n'est pas l'attribut exclusif de l'intellectuel. Un politique qui résout habilement un conflit diplomatique, un ministre qui propose un budget consensuel font preuve d'intelligence. Ils usent de leur raison au même titre que n'importe quel travailleur dans son office particulier. Pour cette faune particulière que constituent les penseurs, les manieurs d'idées, la relation avec le problème politique est un extraordinaire révélateur des options radicales de la pensée elle-même. Est-elle au-dessus de la mêlée ? Est-elle au cœur de la mêlée ? Est-elle hétérogène, absolument, à l'action ? N'est-elle, à l'inverse, qu'un préliminaire de l'action ou une puissance de calcul au service de l'action ? Est-elle seulement une conséquence ou un effet, une sorte d'épiphénomène de l'action ? Ces questions se situent dans une strate plus radicale que celle des opinions politiques, des options concrètement choisies. On peut être de droite ou de gauche, mais s'accorder sur l'importance que la pensée doit avoir par rapport à l'action politique, sur le rôle qu'elle doit jouer. Symétriquement, les grands clivages entre intellectuels « de gauche » au sein de l'intelligentsia d'après-guerre ne tiennent pas tant aux positions proprement politiques qu'aux positions théoriques ou plus exactement à la position qu'on veut pour la théorie face à la politique.

Certes, l'intellectuel peut avoir telle ou telle opinion, il peut s'inscrire dans un parti, militer, s'engager auprès d'un dirigeant politique, entrer en politique lui-même. Il fait alors ce que fait n'importe quel autre homme, et il le fait comme le fait n'importe quel autre homme. Il le fait en tant que citoyen, en tant que membre du corps politique. Il exerce son devoir de citoyen, et il juge de son devoir civique de participer à la vie politique et de se prononcer sur les choix, sur les actions, sur les buts poursuivis par le gouvernement. La question est de le faire alors indépendamment de sa pratique intellectuelle, du fonctionnement de sa raison en tant qu'intellectuel, de son office d'intellectuel, de ce qu'il fait en tant qu'intellectuel, dans son rôle d'intellectuel, c'est-à-dire indépendamment de son activité théorique. Car ce qu'il met d'intelligence dans l'élaboration de ses opinions politiques est exactement ce qu'y met tout autre citoyen ; son métier d'intellectuel ne lui donne aucun avantage ou désavantage particuliers. Cette sorte de cloisonnement n'a d'ailleurs rien de mystérieux si l'on considère des pans entiers de l'activité théorique : on conçoit aisément que l'action politique d'un homme par ailleurs mathématicien, n'ait pas grand chose à voir avec son activité de mathématicien, avec la théorie qu'il élabore, les problèmes qu'il résout. L'exercice de la raison est ici nettement différencié de l'abandon à l'opinion qui, elle, inclut notamment les passions, élément inévitable de la politique, les idéaux, personnels ou de groupe, la morale, les convictions religieuses, la culture reçue, les préjugés de classe. Ce qui vaut assez évidemment pour le mathématicien doit être transposé à toute autre activité intellectuelle, c'est-à-dire aussi au philosophe, au sociologue, au juriste, à l'économiste. Cela implique des devoirs certes plus difficiles à mettre en œuvre. Mais ne pas s'y soumettre entraînerait à coup sûr un risque majeur pour la pureté de l'activité théorique elle-même. On se souvient entre autres de l'affaire Lyssenko.

Mais Ortega nous montre que cela est encore plus grave pour la politique. L'intellectuel peut d'abord chercher à justifier après coup son choix politique, de façon intellectuelle, c'est-à-dire qu'il cherche à théoriser ce choix politique, à le déduire de principes de la raison ou à le valoriser du moins rationnellement. Ce genre d'entreprise *a posteriori* est indubitablement suspect au regard précisément de la raison, car la solution est donnée d'avance. La raison perd donc son caractère problématique, elle perd le moment du doute, du « naufrage » comme dit Ortega[1], qui lui est essentiel. En quelque sorte on est déjà sauvé du naufrage, on est déjà monté dans l'esquif et on veut se prouver qu'on va ainsi dans la bonne direction. On affirme sans avoir douté, péché majeur pour le philosophe qui n'a pas oublié la roborative leçon cartésienne. Péché majeur pour la politique car l'intelligence ainsi asservie donne sa caution douteuse à ce qui est en question, à ce qui doit être discuté. L'intellectuel prêche, il joue de son autorité pour interdire le questionnement, le conflit des opinions. Mauvais service, triste office.

La pratique intellectuelle est aliénée à un engagement fait sans elle. Dès ce moment elle n'est plus intelligence. La théorie n'est plus là pour sortir, s'il se peut, l'esprit de son incertitude. Elle est là pour s'éviter à tout prix l'incertitude, le risque de l'erreur. Bien des carrières d'intellectuels engagés, qu'il vaut mieux laisser au grand cimetière des erreurs intellectuelles, illustrent exactement, on le sait, ce procès malheureux de la raison. L'intelligence devient exclusivement critique, elle s'exerce contre les choix adverses, contre les critiques de l'adversaire. C'est « être contre », comme le répète Ortega quand il faut, plus essentiellement, être : la mission de l'intellectuel est de « s'opposer »[2], contrairement à celle du politique qui est de créer. La modalité ontologique de l'action politique comme de toute action est l'affirmation, pas la négation.

L'intellectuel peut aussi utiliser la politique, comme le ferait un esprit cynique, qui sait assez à quoi s'en tenir. L'inscription à un parti facilitera une carrière, l'entrée en politique peut même la sauver d'une médiocrité à laquelle se sait condamné le théoricien. Mais alors – et il n'est pas besoin de s'étendre sur cette pratique qui n'est jamais totalement étrangère à aucune université – l'intellectuel utilise l'intelligence plutôt qu'il n'use de son intelligence. Simple outil au service d'une passion certes bien humaine, elle n'est pas valorisée pour elle-même. Elle n'est pas voulue. L'intellectuel n'est plus celui qui, selon le mot de Descartes, a « toujours un extrême désir d'apprendre à distinguer le vrai d'avec le faux, pour voir

1. *Œuvres*, I, 208. *Europa y la idea de nación*, éd. Garagorri, 1985, p. 37.
2. *Œuvres*, II, 304.

clair en [ses] actions, et marcher avec assurance en cette vie »[3]. L'intellectuel peut enfin songer à une tout autre solution, qui préserve mieux cette fois-ci les droits de l'intelligence. Il peut déterminer *a priori* ce que serait la vraie Cité et attendre de cette idée de la raison un effet recteur sur les opinions et les actes politiques. À commencer par les siens propres : la raison, ayant déduit la vraie Cité, peut alors dicter des engagements concrets. À partir de cette construction de la raison pure, l'intellectuel cernerait ce qu'il faut faire et s'engagerait ainsi dans la bataille, voire la conquête du pouvoir ou le conseil du Prince.

Ces trois dernières solutions ne sont pas recevables pour Ortega et son argumentation est attentive à la réalité des choses, à la réalité de l'intelligence comme à celle de la politique. Les deux premières ne le sont pas pour des raisons assez évidentes, l'une parce qu'elle ne satisfait plus aux exigences logiques de la raison, l'autre parce qu'elle dévoie carrément l'exercice de la raison qui n'est plus qu'une puissance calculatrice, selon le sens péjoratif du mot, au service de positions qui n'ont rien à voir ni avec la raison ni avec la politique. Le vrai politique n'est certainement pas celui qui vit dans le souci exclusif de sa carrière, mais celui qui prend toujours et d'abord en compte le bien public. Platon avait déjà rencontré de tels sophistes.

La troisième solution qui est d'apparence plus noble, est cependant la plus dangereuse. C'est elle qui mérite l'examen critique le plus vigilant, car elle est la tentation constante de l'intellectuel, comme elle est celle du politique « de tête », du politique de pensée, dont la Révolution française entre autres a donné quelques cas illustres. C'est la tentation de l'utopisme, c'est celle qui conduit aux excès de toutes les Terreurs[4]. « L'intelligence n'a pas créé les peuples, elle n'a pas fabriqué les nations. Il est étrange de remarquer comment aux époques où les nationalités se sont forgées, l'intellectuel tient un rôle tout à fait secondaire », écrit Ortega qui ajoute : « évitons les idées utopiques »[5]. Ce sont des positions qui ne relèvent manifestement que d'une habile, d'une séduisante, voire d'une convaincante construction intellectuelle, d'une idée pure si on

3. Descartes, *Discours de la méthode*, première partie.

4. Chirpaz, *Raison et déraison de l'utopie*, Paris, 1999. Voir en particulier dans le premier chapitre *Aimable fantaisie ou cauchemar*, p. 36-44.

5. *Œuvres*, II, 139.

veut, mais dont on tire immédiatement une prise de position pratique, c'est-à-dire dont on tire la règle d'une action. Il y a idéalisme parce qu'on ne se soucie pas assez de la nature exacte des réalités que l'on théorise, on « déduit » les réalités, on « construit » l'objet, on imite la physique mathématisée. Mais cet idéalisme est en quelque sorte pratique parce qu'on ne se contente pas de rester dans le domaine de la pure spéculation. Il est clair que le géocentrisme ou l'opinion que les révolutions des astres suivent des trajectoires circulaires ne sont au fond pas des erreurs bien graves tant que nous n'avons pas le dessein d'expédier des satellites tourner au-dessus de nos têtes. Mais si l'on veut qu'une action réussisse, il faudra bien se soucier de prendre la mesure exacte du monde où l'on agit. On commence à deviner l'office propre de l'intellectuel qui n'est pas tant, allons jusque là, d'avoir des idées – qui n'en a ? – que de vérifier les idées, d'examiner leur charge de vérité. Le géocentrisme et l'approximation du cercle peuvent satisfaire le mathématicien contemplatif. Ils sont immédiatement invalidés par la réalité naturelle. L'aristocrate Platon pouvait construire la rationalité de la communauté des biens, Aristote, formé aux procédures du juriste, du praticien du droit, voit immédiatement l'inanité de cette belle construction. C'est avec la même intention qu'Ortega formule sa critique : « l'intelligence se sent si assurée d'elle-même, qu'elle perd un moment la conscience de ses limites. [...] Elle éprouve un tel plaisir des idées qu'elle en arrive au point d'oublier que la mission de l'idée est de refléter la réalité. La raison commet alors son plus grand péché, elle transgresse gravement son rôle : elle veut commander dans le monde, le faire à son image et ressemblance. [6] »

Car si l'intelligence fonctionne alors merveilleusement bien, il faudrait dire terriblement bien, elle fonctionne dans l'oubli du réel, elle est raison pure selon le terme qu'invente Leibniz pour séparer par exemple l'ordre des vérités logiques et mathématiques de l'ordre des vérités physiques, mondaines et donc théologiques puisque Dieu justement ne se contente pas de concevoir des créatures, il crée un monde réel. Il passe du possible, des essences, au réel, aux existences. La raison pure en politique commence par décréter le néant de ce qui est, l'annulation du réel pour laisser la place à l'idéal, à ce qui doit

6. *Œuvres*, II, 140.

être, à l'idée de la raison. Et dès que l'intelligence s'empare des moyens du pouvoir elle procède à l'annulation effective du réel, entreprise de mort.

Ortega est très sensible par exemple à la prudence de Mirabeau à l'égard de la Déclaration des droits de l'homme[7]. Non pas qu'il y ait là un reste d'aristocratisme en Mirabeau, comme on l'a dit, mais simplement parce que Mirabeau sait qu'on ne peut effacer des siècles d'histoire avec des idées, qu'on ne peut oublier que la France, dont on change les mœurs politiques et le gouvernement, est une vieille société engoncée dans des usages qui sont toujours lents à se transformer. Une telle déclaration qui relève plutôt de la déclaration de principes que du droit positif risque donc d'être sans réalité historique, sans efficience, bref de satisfaire plutôt la raison du penseur que les attentes d'un peuple effectif. L'échec des révolutions, qui est la grande leçon du XIXe siècle et du nôtre, est qu'elles engendrent à chaque fois des contre-révolutions qui sont comme la sanction de l'utopisme, de l'idéalisme révolutionnaire et qui signent surtout l'échec de la révolution comme force de transformation politique.

On ne peut aliéner l'intelligence, c'est vrai, mais aussi l'intelligence n'est pas immédiatement pratique. Ce n'est pas l'utopie qui est en soi dangereuse – un beau conte n'a jamais précipité aucun peuple vers l'abîme – c'est l'idée que l'utopie peut être réalisée, qu'elle a immédiatement une vertu pratique et qu'elle doit donc être réalisée par tous moyens, qu'elle doit motiver la volonté d'agir, puisque, produite par la raison, elle est absolument bonne. Là est le danger de l'utopisme. Car il se peut bien que cette volonté soit absolument contradictoire avec d'autres réquisits irrécusables de l'action politique et de la constitution sociale. On peut bien rêver d'un monde sans le mal. Le Dieu leibnizien sait qu'il n'est pas possible de créer un tel monde. Ortega examine dans le même esprit l'idéal pacifiste[8]. Qui ne condamne, spontanément, la guerre et qui ne voit dans cette position la satisfaction de la raison, du bon sens ? Mais a-t-on ainsi accédé à la vérité de la guerre, a-t-on pris en compte ce que fut effectivement la guerre, ce qu'elle

---

7. « Mirabeau ou le Politique », *in Le Spectateur*, Paris, 1992, p. 125-126. *Obras*, III, 618.

8. *Europa y la idea de nación*, éd. Garagorri, 1985, p. 190, p. 209. *Obras*, IV, 286.

est encore sans doute, malgré toute l'horreur que nous pouvons ressentir ? Machiavel – c'est une référence privilégiée d'Ortega – plus instruit des réalités de l'histoire, commente ce passage de Tite Live où le Sénat romain s'inquiète de l'absence de tout motif d'affrontement guerrier depuis deux ans déjà... Cela peut ne pas nous plaire, cela contredit assurément nos propres idéaux, mais nous ne pouvons pas ignorer que la guerre a pu, historiquement, être un idéal ou une solution.

La raison, ainsi, ne peut ordonner à elle seule l'histoire, selon son gré. L'histoire, qu'on le regrette ou non, cela importe peu, ne se fait pas avec l'intelligence seulement, ni selon l'intelligence, c'est-à-dire selon les seules prescriptions de la raison pure, fût-elle la mieux dirigée. Ce fut la grande erreur du XVIIIe siècle selon Ortega, lorsque les intellectuels ont cru qu'ils pouvaient commander et qu'ils devaient donc le faire [9]. Car alors ils se sont détournés de leur vraie tâche, de la seule qui soit utile : « l'intelligence ne doit pas aspirer à commander, pas même à influencer ni à sauver les hommes. Ce n'est pas sous cette forme-là qu'elle peut être le plus profitable pour la planète. Ce n'est pas en s'avançant au premier rang de la société, à la manière du politique, du guerrier, du prêtre, qu'elle accomplira le mieux son destin, mais à l'inverse en se cachant, en se faisant obscure, en se retirant dans des secteurs plus modestes de la société. L'intelligence qui est la chose la plus exquise du Cosmos est cependant trop peu de chose pour prétendre mouvoir la sphère immense de l'histoire. Une telle prétention l'annihile, lui ôte sa force. Elle ne peut gagner sa pleine dignité que si elle parvient à comprendre sa splendeur et sa misère, sa force et sa limitation. [10] »

L'intellectuel ne fait pas l'histoire. Il n'a rien à voir avec ce que Hegel appelle le « grand homme ». Ce sont toujours les peuples qui font l'histoire et le grand homme n'agit que selon l'esprit du peuple qu'il ordonne. Ce ne sont pas les jugements de l'intellectuel qui importent et qui agissent : « l'intelligence n'a pas de force » [11]. Ce qui agit, c'est le jugement des grands corps collectifs, c'est ce qu'Ortega appelle l'opinion publique, car c'est elle qui en définitive constitue la force efficiente du pouvoir, c'est elle qui lui donne son autorité ou qui annule sa

---

9. *Œuvres*, II, 274.
10. *Œuvres*, II, 134.
11. *Œuvres*, II, 306.

puissance : « l'opinion publique crée toujours, inévitablement, un pouvoir public qui confère à cette opinion un caractère impératif » [12]. Le pouvoir est donc lié à l'opinion publique, non à celle des intellectuels : « mais ce *pouvoir public*, servi par des organes exécutifs, qu'on appelle habituellement des États, n'est rien d'autre que l'intervention active, énergique, voire physiquement énergique, de l'"opinion *publique*". S'il n'y avait pas d'opinion publique, il n'y aurait pas de pouvoir public et moins encore d'État. [13] » Lorsque le pouvoir ne procède plus de l'opinion publique, il y a anomalie : il émane alors de groupes particuliers. Il n'est plus *public*, c'est la situation dans laquelle s'engendrent les guerres civiles. Ortega donne un sens extrêmement précis à ce concept de l'opinion publique : il s'agit des certitudes communes et des certitudes pratiques, c'est-à-dire de celles qui déterminent immédiatement les actions, les choix politiques tant chez les gouvernants que chez les citoyens. Ainsi voit-on aujourd'hui une opinion politique européenne exprimer clairement un choix très généralement partagé par les citoyens concrets en ce qui concerne l'intervention, voire l'engagement militaire, dans des pays en crise où souffrent par exemple des minorités. Tout le problème est de savoir d'où viennent ces idées et comment elles se diffusent à la masse du corps politique.

Indiquons brièvement, avant de revenir plus au long sur ce concept dans le chapitre III, que l'opinion publique est ce qu'un peuple affirme et qui anime sa résolution politique, l'ensemble de ses décisions et de ses actions. Une telle affirmation n'est pas pure spontanéité surgie d'on ne sait quelle âme populaire. Un peuple n'a pas de soi-même conscience des nécessités de son temps. L'opinion publique appartient à ce qu'Ortega appelle les « usages sociaux » [14]. C'est un type particulier d'usages sociaux, nécessaires à la coexistence sociale. Ce sont les usages intellectuels : « parmi les innombrables usages, il y en a une classe qui nous intéresse maintenant : ce sont les usages intellectuels, c'est-à-dire les opinions régnantes [...]. Il y a en effet à toute époque, un répertoire d'idées sur l'univers, sur l'homme, sur l'État, sur le juste, etc. qui règnent effectivement et qui ne règnent pas constitutionnellement,

---

12. *Europa y la idea de nación*, éd. Garagorri, 1985, p. 23.
13. *Obras*, IX, 294.
14. *Œuvres*, II, 170.

mais dictatorialement. Ces idées qui règnent effectivement sont les seules qu'on devrait dénommer "opinion publique" [...] L'"opinion publique" n'est pas une opinion particulière, même si arithmétiquement elle est la plus fréquente. [...] L'"opinion publique" constitue une strate beaucoup plus profonde : en toute rigueur elle est la strate fondamentale qui supporte la structure d'une société. [15] »

Pour Ortega, le champ de la politique est le champ des médiations. Le vouloir populaire n'existe que si un organe spécialisé pense les nécessités du temps et formule des idéaux. Cet organe de la pensée est constitué par ce qu'Ortega appelle les élites. Nous reviendrons dans le chapitre III sur ce concept cardinal dans la pensée d'Ortega. Un exemple permettra de comprendre : en 1789 ce qu'affirme le peuple français c'est la nécessité d'un régime constitutionnel, c'est-à-dire d'un règlement des pouvoirs, d'un contrôle de l'exercice des pouvoirs et c'est l'idée, toute neuve, que la souveraineté échoit à la nation et non pas au roi. Mais cette volonté politique n'existe en toute conscience que parce que l'idée constitutionaliste a été formulée, publiée, travaillée par un groupe d'hommes, historiens, juristes, littérateurs, « philosophes » qui forment l'élite intellectuelle. Les masses ne créent jamais les usages sociaux, elles ne sont pas l'auteur originel de l'opinion publique. Elles imitent les usages, les reprenant à leur compte. Les masses en quelque sorte ont des idées... mais des idées qu'elles n'ont pas produites, qu'elles ont copiées. D'où l'importance pendant la période révolutionnaire des clubs, de la presse, qui diffusent, qui propagent et perfectionnent aussi les idées des théoriciens.

Ce n'est pas encore tout. Cet ensemble d'idées n'aura d'efficacité que parce qu'un autre groupe d'hommes, les hommes de pouvoir proprement dits, s'en emparent en les transformant en actes politiques (discours à l'Assemblée, décisions, votes, etc.). Bien sûr, l'homme de pouvoir, instruit de l'idée, n'a de chance de réussir que parce que le peuple se reconnaît dans cette volonté : la popularité de Mirabeau est par exemple pour Ortega le signe de cette élection [16]. En ce sens il est vrai de dire que l'opinion publique gouverne le monde et que finalement le pouvoir réel est exercé par les masses, mais il ne l'est jamais

15. *Obras*, IX, 736.

16. « Mirabeau ou le Politique », *in Le Spectateur*, Paris, 1992, p. 109. *Obras*, III, 607.

directement. L'opinion publique, comme tout le champ du social, est normative, impérative. Elle résulte de l'adhésion des masses aux grandes idées et principes de culture que leur propose la minorité choisie, laquelle au reste ne coïncide pas nécessairement avec le groupe des intellectuels, même si ceux-ci y ont une part prépondérante. C'est pourquoi l'intellectuel n'est pas toujours entendu, c'est pourquoi il n'est jamais un manipulateur d'opinion. Historiquement, les possibilités d'échecs sont doubles : l'élite intellectuelle n'est pas entendue, la faute est alors aux masses rebelles aux idées et aux politiques asservis aux *desiderata* des masses. Mais l'élite intellectuelle peut aussi s'égarer, voire ne pas exister. La faute est alors à l'intelligence. L'intellectuel ne manipule donc pas les masses, le « grand homme » ne découvre pas davantage, dans la solitude du génie, l'idée réelle ; le peuple, s'en remettant à sa seule spontanéité inconsciente, n'est pas plus l'élément agissant dans l'histoire. C'est le complexe rapport de ces différents acteurs qui fait l'histoire.

Si la seule forme intellectuelle, le seul système d'idées qui soit opérant dans l'histoire est l'opinion publique, c'est en agissant sur cette dernière que l'intellectuel peut faire quelque chose de ses idées, de son intelligence, qui soit effectif pour l'action politique globale. C'est aussi ce qu'il est seul à pouvoir faire en sorte que le manquement à son devoir en somme pédagogique condamne l'opinion publique à plus d'obscurité et de confusion. Comment peut-il agir sur l'opinion publique ? D'une seule façon, conforme à sa nature véritable : l'intellectuel peut révéler la vérité du présent, il dit ce qui est, il définit, il déclare la réalité telle qu'elle est. C'est même non seulement sa spécialité professionnelle, c'est son office propre. Il est né pour cela. C'est sa tâche dans l'immense organisme de la société humaine : « La mission du véritable intellectuel n'est pas de plaire, ni de flatter, elle est de s'opposer et de rectifier [...]. Son destin est donc austère, désagréable et terrible. » C'est pourquoi aussi « la validité que possède l'opinion de l'intellectuel réside précisément en ce qu'elle n'est pas son opinion particulière [...]. L'intellectuel commence par faire le vide en soi-même pour laisser la vérité s'installer et se manifester en lui. [17] »

Dire la vérité, car elle est incontournable, elle est la réalité historique. L'intellectuel n'est pas seulement l'homme des

17. *Œuvres*, II, 304-305.

idées, il est l'homme des idées vraies, des idées qui servent à saisir le réel. L'intellectuel est l'opposé d'un « idéaliste ». Les idées de l'idéaliste sont des idées dont on croit qu'elles vont par elles-même agir, qu'elles vont changer le monde. Rêver d'une société des Égaux est une belle chose, ce peut même être une bonne chose, toute idéologie a son action au sein de l'ensemble des déterminations politiques. Mais vouloir une société des Égaux suppose que cela soit possible, que cela convienne à l'ensemble des autres déterminations politiques. Si je forme ainsi l'idée d'une société des Égaux, immédiatement cette idée va m'inciter à des actes de transformation, violente pourquoi pas, d'une société réelle où l'égalité n'est pas réalisée. L'idée vraie, ici, oblige au travail patient de la vérification : cette idée d'une société des Égaux saisit-elle la réalité historique ? Est-elle possible ? Est-elle voulue ? Et par qui ? Est-elle compatible avec l'ensemble des réquisits de la vie sociale ? La liste des interrogations n'est pas close... L'idée d'une société des Égaux est évidemment satisfaisante pour la raison, presque autant que pour le désir ; satisfait-elle aux structures de la réalité historique, c'est-à-dire à ce qu'est le peuple considéré dans le moment historique considéré, à l'« altitude » historique à laquelle il se trouve, selon un terme qui revient souvent sous la plume d'Ortega ? Le passage d'une telle affirmation à de telles interrogations distingue ce qu'on pourrait appeler la raison pure de ce qu'Ortega proposera de nommer la raison historique : « les idéaux sont les choses recréées par notre désir – ce sont des *desiderata*. Mais quel droit avons-nous de prendre en considération l'impossible, de considérer comme idéal le cercle carré ? [...] Ce qui distingue peut-être le plus l'esprit infantile de l'esprit adulte, c'est que le premier ne reconnaît pas la juridiction de la réalité et substitue aux choses leurs images désirées. Il perçoit le réel comme une matière tendre et magique, docile aux combinaisons de notre ambition. La maturité commence lorsque nous découvrons que le monde est solide, que la marge de manœuvre concédée à l'intervention de notre désir est très étroite et que, au-delà de cette limite, se dresse une matière résistante, de constitution rigide et inexorable.[18] »

---

18. « Mirabeau ou le Politique », *in Le Spectateur*, Paris, 1992, p. 104. *Obras*, III, 603.

Ce sont les idées vraies qui, reprises par les masses, constituent une force, trouvent une efficience politique, car elles engendrent une opinion rectifiée. Encore ne faut-il jamais oublier le souci ortéguien des médiations : le philosophe n'insinue pas directement des idées dans les masses. Il peut espérer tout au plus que quelques élites, hommes d'influence, hommes de pouvoir ou de partis – et c'est la condition qui les désignera comme élites – se fassent sensibles à son exigence théorique de vérité. Qu'elles abandonnent les lieux communs, les slogans, les morceaux d'idées et s'attellent à une représentation plus cohérente, plus consistante de la réalité politique. L'opinion publique n'est jamais simplement l'opinion du nombre. C'est même quand elle n'est que cela, l'opinion que produit directement la masse, qu'elle s'égare dans les mirages dangereux de l'action directe.

C'est tout ce que peut faire l'intellectuel. Mais cela, il doit le faire. Les choses ne sont pas pour autant réglées. L'opinion publique peut ne pas entendre l'intellectuel, elle peut l'entendre mal, c'est d'ailleurs à peu près généralement le cas. L'intellectuel, comme l'avait déjà bien vu Platon, peut se perdre, et c'est un point qui nous importe grandement. S'il est une chose que nous pouvons constater dans le débat classique sur l'engagement de l'intellectuel, c'est bien le manque de vérité des différentes positions et donc leur manque de réalisme. On est par exemple pour ou contre le communisme soviétique, mais cherche-t-on à savoir ce qu'est le communisme comme solution historique dans le XXe siècle ? C'est par ce détour de l'interrogation proprement philosophique qu'on a des chances de procéder à autre chose qu'à une apologie ou à un rejet (c'est le paradis des peuples ou bien c'est le diable), qu'on a des chances de révéler ce qu'il est objectivement : une erreur historique. Ortega le déclare fermement dès 1927 dans le *Mirabeau* : « la Russie et l'Italie ont préféré se tromper et *au lieu d'innover profondément* elles ont suivi la tradition utopique des deux derniers siècles : elles ont préféré le fantôme éphémère d'un État « parfait » à l'avenir d'une nation vigoureuse et saine. [19] » On ne peut pas dire que l'histoire l'ait contredit.

---

19. « Mirabeau ou le Politique », *in Le Spectateur*, Paris, 1992, p. 141. *Obras, III, 631.*

Mais ceci est plus remarquable : affirmer en 1927 que la solution soviétique est historiquement nulle et sans avenir à longue portée, voilà quelque chose qui, proprement, n'a pas de sens pour l'oreille française, non seulement à cette époque, mais pendant au moins les trois décennies qui ont suivi la seconde guerre mondiale. La réalisation du marxisme, car c'est ainsi qu'on « lit » l'expérience soviétique, est au contraire ressentie comme une expérience capitale de l'histoire moderne. Pour la gauche communiste ou pour ceux qui s'appelleront eux-mêmes des « compagnons de route », pour les sympathisants, qui y voient l'avenir ou, lorsque les défauts seront trop visibles, ce qu'il faut éviter ou redresser pour que l'avenir soit (c'est ce que diront à peu près les « gauchismes »). Mais tout aussi bien pour la droite anti-communiste qui en attend comme une révélation historique du mal et en fait l'objet d'une véritable croisade qui connaîtra son apogée dans la guerre froide. Dès lors et c'est un point capital, la démocratie libérale, le parlementarisme, l'« action indirecte », ne sont plus pensés en eux-mêmes, comme une authentique option politique ; ils deviennent l'enjeu d'un débat idéologique, une carte à abattre ou à brandir, un slogan. Manifestement, Ortega voit plus loin, parce qu'il voit plus clairement.

La raison ne doit donc pas être surestimée, l'intellectuel ne peut outrepasser ses possibilités sans se méprendre et sur l'intelligence et sur la politique. Un intellectuel de notre temps contait récemment à la télévision la conscience qu'il prit soudain de la puissance réelle en voyant un chef de guerre, lors des événements de Bosnie, s'emparer de ses téléphones de campagne, envoyer des ordres et brusquement les tirs cessèrent. L'intellectuel n'aura jamais cette puissance-là. Il ne doit pas non plus désirer l'avoir. Aussi bien les tirs reprirent bientôt. L'intellectuel ne doit pas non plus sous-estimer l'intelligence car c'est alors mal comprendre ce qu'elle est, ce qu'est exactement son office. Ceux qui portent l'opinion publique croient en la valeur des idées : la seule chose que l'intellectuel peut apporter à ces hommes ce sont les idées vraies, cette denrée si rare, si fragile, si difficile à constituer.

Là est la racine de ce qu'on appellera le réalisme d'Ortega, à condition de bien entendre dans son sens strictement théorique ce terme de « réalisme ». Il ne s'agit pas du « réalisme politique » qui est au fond l'idée que l'action politique ne doit pas trop s'embarrasser de scrupules moraux. Il s'agit du réalisme comme position théorique : la théorie doit prendre en compte la réalité et cette réalité est ici l'histoire même des peuples, les hommes comme ils sont, les peuples comme ils sont. L'histoire, c'est-à-dire le passé bien sûr, ce que ces peuples sont devenus mais aussi l'ensemble des déterminations présentes, les enjeux de la puissance, les désirs, les passions, les buts, les idéologies et entre autres les prises de position intellectuelles. C'est en tenant compte de ce milieu réel que l'intellectuel peut espérer se faire entendre et ainsi indirectement agir. L'exigence de vérité, la *sinceridad*, est la vertu propre de l'intellectuel, ce qu'il sait faire, et ainsi ce en quoi il est utile.

Ainsi dans la critique ortéguienne de la solution soviétique, on ne peut soupçonner ni la méconnaissance ni non plus le parti pris. Il ne s'agit pas de régler des comptes, ni de rendre hommage. Rien ne ressemble moins à un anti-communisme passionnel que sa proposition qu'il renouvellera dans *La Révolte des Masses*. C'est un jugement, c'est une proposition de la raison. Il faut d'ailleurs immédiatement généraliser, à partir de ce cas particulier du marxisme, à l'ensemble des doctrines politiques en vigueur. Ce qui est décisif, c'est justement qu'Ortega ne se réfère pas à une doctrine constituée, que ce soit pour la reprendre, pour la rejeter, pour l'amender, il *constitue* une doctrine. Au lieu de soumettre l'histoire à une grille explicative, voire même simplement à une problématique intellectuelle préalable, il « entend », jouons sur l'ambiguïté du terme, l'histoire, c'est-à-dire qu'il se met à l'écoute en vue de comprendre. Ce n'est pas un sens tout prêt qui se projette sur l'histoire, c'est en elle, dans l'opacité, la complexité, la résistance de la matière historique qu'il faut aller chercher le sens [20]. Ce n'est pas la doctrine philosophique, la théorie lointaine dont se recommande explicitement le politique qui fait la vérité de cette politique ; c'est, à l'inverse, l'effectivité de cette politique qui permet de juger la théorie explicite, laquelle n'est peut-être qu'un pieux mensonge. La méditation de l'histoire appuyée sur une culture de grande qualité est une

20. C'est la raison essentielle de la critique développée par Ortega du néokantisme, qu'il avait étudié de près lors de son séjour à Marburg. L'imposition à la réalité d'un cadre intellectuel subjectif peut donner d'assez bons résultats en physique. C'est une méthode catastrophique en histoire. La réalité historique est objectivement structurée. Elle a un sens immanent, elle est un ordre constituant (*Obras*, IV, 537 sq.).

constante du travail d'Ortega : Mommsen et l'histoire de Rome, Guizot et l'histoire des origines des nations européennes, la discussion passionnée des thèses de Toynbee sont quelques unes des références les plus marquantes et les plus fréquentes dans son œuvre[21].

II – L'engagement de l'intellectuel

Il convient de bien distinguer les engagements de l'homme, de l'individu historique, qui ne regardent que lui-même, qui sont toujours situés, contingents et qui passent, qui sont ainsi la matière de l'historien et d'autre part l'engagement de l'intellectuel en tant que tel. Car il faut alors poser la question principielle de la nature de cet engagement, de sa possibilité, de son essence. L'engagement de l'individu est une donnée, un fait. L'engagement de l'intellectuel est d'abord un problème. Que peut bien signifier s'engager pour un intellectuel, en tant que tel, répétons-le ? La pensée, l'exercice libre de l'intelligence, le fait même de penser, de se préoccuper du vrai, est-il compatible avec le fait de s'engager ? Ne faut-il pas alors définir autrement l'engagement lui-même ? Ce sont ces questions préalables que l'intellectuel ne peut manquer de se poser et qu'il doit résoudre avant de donner un contenu pratique à son engagement. Bien entendu, l'action historique n'attend pas toujours, l'urgence est généralement son lot et l'homme, l'individu historique, le citoyen peut s'être engagé, par provision, pour parler comme Descartes, en attendant l'appel d'un jugement éclairé. Ce qui nous intéresse c'est la question philosophique, car la compatibilité de l'intelligence avec l'engagement fait justement question. C'est là que le bât blesse, et c'est peut-être de là que viennent bien des errements dans les positions pratiques des intellectuels « engagés ». C'est là que l'examen est nécessaire et que la leçon d'Ortega mérite d'être entendue.

L'engagement de l'homme met en effet en jeu des idéaux ou des croyances, des convictions qui sont dans l'histoire, qui sont un ingrédient de l'histoire, qui sont souvent délivrés par

---

21. Mommsen, *Histoire romaine*. Voir, particulièrement, combien la lecture du portrait de César (t. II, p. 358 de la traduction française, coll. « Bouquins ») a suscité la réflexion d'Ortega (*Obras*, VI, 51). Guizot, *Histoire de la civilisation en Europe*, Paris, 1840. Toynbee, *A Study of History*, Oxford University Press, 1951.

l'époque, par le temps, sous forme de résidus du passé ou d'élaborations, de vulgarisations d'idées philosophiques ou juridiques, voire de vagues anticipations de l'avenir issues de la littérature utopique. Ces idéaux, ou plutôt leur élection par l'individu, sont évidemment marqués par la situation sociale du sujet, ils peuvent donc évoluer comme change cette situation, constatation banale. C'est cette matière que met en forme le parti, le syndicat, le chef politique, la presse d'opinion. Elle a une destination pratique. Le but c'est de faire agir les hommes, de déterminer leurs choix, par exemple leurs choix électoraux. Et, bien sûr, la plupart des hommes y croient, ils pensent que ces idéaux sont vrais, et qu'il vaut donc la peine de les réaliser. Il n'est pas certain pour autant qu'ils soient, du point de vue de la raison, vrais ; c'est justement cette vérité-là que l'intellectuel doit s'efforcer de déterminer. La « vérité » subjective, c'est-à-dire la conviction que j'ai de la vérité ne suffit pas à fonder la vérité objective. Mais pour fonder cette dernière il faut rapporter l'idée, qui est contenue dans l'idéal, à la réalité. Seulement cette fois-ci il ne s'agit plus de cette réalité assez simple qu'est la nature, l'étendue ou la matière, il s'agit de la réalité historique. Le travail philosophique est maintenant bien circonscrit : il s'agit de savoir ce qu'est la réalité historique, comment l'esprit peut la saisir. Ortega se place moins sans doute sous le drapeau d'un Hegel, que sous celui d'un Tocqueville ou d'un Guizot qui ont tenté cet effort de la raison de penser l'histoire avec d'autres instruments que ceux employés depuis la révolution galiléenne pour saisir la nature.

Bien des hommes ont adhéré à l'idéal communiste, et donc aux idées que cet idéal contenait, en toute sincérité ; on ne voit d'ailleurs pas pourquoi l'idéal d'une plus juste répartition de la richesse produite par le travail et d'un véritable contrôle de la production par ses acteurs serait obsolète ou indécent. Il n'en reste pas moins que l'échec est patent aujourd'hui de cet idéal. Mais peut-être cet échec pouvait-il être compris et donc prévu bien avant que l'histoire réelle ne se charge de nous l'apprendre. Si l'intellectuel, si le philosophe s'engage, en tant qu'homme, il n'a aucun privilège sur les autres hommes. Mais en tant que philosophe il est astreint à une tout autre exigence. Il ne sert plus une cause, il sert la vérité. À moins de décider, mais la croyance est alors fanatisme, que cette cause *est* la vérité, il ne peut manquer de faire la différence. L'exigence de l'intellectuel est de discerner la vérité de l'histoire, quelle qu'elle soit, qu'elle lui plaise ou non, qu'elle soit favorable ou non à ses idéaux personnels ou à ceux de sa classe, de sa corporation. Cette vérité ne correspond pas nécessairement à ce que les hommes ont cru, à ce qu'ils croient au moment où ils s'engagent, à ce qu'ils veulent donc. La coïncidence est un aléa de l'histoire, qui permet sans doute de repérer les époques qu'on pourrait appeler heureuses. Elles sont rares.

C'est d'ailleurs pourquoi l'action ne cesse de modifier les croyances au nom desquelles l'homme s'est engagé. Que reste-t-il chez le « socialiste » d'aujourd'hui de l'idéal de son ancêtre des années 1900 ? À peu près rien de reconnaissable. C'est qu'il y a une forme de l'idéal socialiste qui appartient au passé. Au reste l'histoire se nourrit de tout. Les idéaux les plus contraires au mouvement de l'histoire, ceux qui seront condamnés à l'échec ont eu leur part dans la construction du présent. La structure juridique des États modernes dans les démocraties occidentales serait-elle ce qu'elle est sans la pression pendant des décennies d'idéaux politiques qui n'ont eu aucune chance d'avenir positif. Qu'on pense au saint-simonisme ou au proudhonisme ou à l'anarcho-syndicalisme, on peut allonger la liste.

Il y a un divorce inévitable, et un malaise inévitable, particulièrement cruel dans les époques de crises graves, dans la position de l'intellectuel. Je peux en 1930 croire que le communisme est vrai, qu'il est bon, et qu'il doit dicter mon action, mon engagement. Mais l'intellectuel est dans son rôle si et seulement s'il cherche à discerner l'adéquation historique de cet idéal, qu'il y croie ou non, qu'il lui accorde une valeur subjective ou non. Ce n'est pas toujours facile à vivre, mais la vie ne fait pas nécessairement bon ménage avec la pensée. Examiner la valeur historique, et non pas subjective, de cet idéal, tel est le travail, telle est la mission, certes difficile, de l'intellectuel. Sinon il ne sert à rien et sa voix ne peut qu'ajouter à la confusion comme le dit Ortega, car l'autorité dont il jouit pour l'opinion publique fausse le jeu. Qu'un individu quelconque, de retour d'un théâtre d'opérations, se fasse une opinion personnelle sur le degré de violence du conflit en question n'a pas d'importance politique : ce n'est qu'une opinion. Que le récit soit signé par un intellectuel connu transforme la valeur intrinsèque de l'opinion exprimée, pour le public qui peut y voir comme on dit une opinion « autorisée », bref une affirmation d'un rang supérieur, une affirmation qui a un contenu de vérité. Le propos n'est sans doute pas très éclairé de se demander s'il valait mieux avoir raison avec Aron que tort avec Sartre, selon un refrain en vogue depuis quelques années. On peut sûrement dire qu'ils se sont trompés tous les deux, Sartre parce qu'il ne s'est jamais soucié de savoir sérieusement ce qu'était le communisme soviétique réel ; ou du moins s'est-il refusé à rien publier à ce sujet, position typiquement partisane. Et Aron parce qu'il l'a cru capable d'évoluer alors qu'il s'est effondré. En revanche la différence intéressante est qu'Aron a travaillé sur la philosophie de l'histoire avant de s'intéresser aux sciences économiques et sociales. En ce sens il ferait partie de ces gens qui, aux yeux d'Ortega, font un travail d'intellectuel face à la politique, dans le sens où il l'entend. Ceci, sans présumer de l'accord d'Ortega avec Aron sur le fond, question oiseuse en raison du décalage des générations.

La vérité de l'histoire, c'est l'histoire qui en décide, comme c'est la nature qui décide de la vérité de l'héliocentrisme. L'intellectuel accomplit son rôle s'il sait discerner cette vérité. Tâche difficile, aussi difficile que celle du devin antique et aussi décevante car l'homme de l'engagement ne croira pas davantage l'intellectuel que les Anciens n'entendaient les vaticinations du devin : « il n'y a pas de destinée plus mélancolique et plus inutile que celle du prophète. Cassandre, la première des prophétesses, reçut d'Apollon le don de prévoir le futur et de vaticiner, à une seule condition : que personne ne l'écoutât. [22] » On sait, pour reprendre l'exemple ci-dessus, comment furent reçus ceux qui, dans les années trente, commençaient à douter que le communisme en voie de réalisation en URSS pût encore être un idéal, pût encore satisfaire l'esprit du communiste qui y croyait. Ils furent d'ailleurs peu nombreux à prendre ce genre de risques. C'est pourquoi « le destin de l'intellectuel est... l'impopularité ». Comme chez le prophète de l'Ancien Testament, « l'intelligence est une opinion contre l'opinion publique » [23].

Dès 1925, Ortega se prononce sur le fascisme naissant [24]. Ce qu'il en dit *« sine ira et studio »* vaut encore le détour, non seulement parce qu'on peut y voir la lucidité d'un homme qui avait vu juste mais bien davantage par les raisons qu'il donne. Il ne le condamne pas parce que c'est le diable ou l'horreur,

22. *Europa y la idea de nación*, éd. Garagorri, 1985, p. 17.
23. *Œuvres*, II, 303.
24. *Obras*, II, 497.

mais parce que c'est une erreur historique, une erreur que l'histoire se chargera d'éliminer. Ce n'est pas ce que peut vouloir l'humanité. Seulement l'humanité peut s'enfoncer dans l'erreur et poursuivre des finalités perverses. Une voix comme celle-là méritait d'être entendue.

Rappelons les faits : le fascisme apparaît sous la forme d'un mouvement politique, en Italie, en 1919. Le chef de ce mouvement, B. Mussolini, prend le pouvoir en 1922 et le fascisme devient donc un système politique, un système de pouvoir. L'article d'Ortega est de 1925. Et sa première proposition est que « le fascisme est un phénomène historique »[25]. Cette définition, à la manière doctorale, « allemande », dit Ortega, derrière sa modestie, ne doit pas être sous-estimée : le fascisme n'est pas une aberration, une curiosité, un accident, il appartient à l'essence de la vie historique telle qu'elle se fait au XXe siècle. Par là c'est un phénomène de première importance, qui dépasse largement sa circonstance particulière, l'occasion de sa naissance, et qui, pouvant se produire partout, doit retenir l'attention du philosophe, doit être étudié « sans ressentiment, en effet, et sans parti pris ».

Comme tout phénomène, il doit donc être compris, c'est-à-dire d'abord relié avec tous les autres phénomènes historiques. La vérité du fascisme n'est pas dans ce qu'il *dit*, dans ce qu'il manifeste de lui-même. Sa véritable nature est « hors de lui, derrière lui »[26]. Ainsi ne peut-on séparer l'examen du fascisme de son rapport au système politique caractéristique de l'Europe depuis le XIXe siècle qu'est le libéralisme politique, à bien distinguer du système économique qu'on désigne aujourd'hui de ce même nom. Le fascisme en effet est antilibéral et antidémocratique. Mais ce qui est sans doute le plus remarquable – et le plus inquiétant – c'est l'inaction du libéralisme, la faiblesse de la réaction démocratique ou le peu de défenses que la démocratie secrète face au fascisme. C'est dans ce système duel qu'il faut aller chercher la vérité de ce temps-là et les risques de l'avenir.

On saisit dès cet abord la méthode d'Ortega, « l'avantage d'un diagnostic qui cherche, *dans toute son extension*, les symptômes d'une maladie et essaie de découvrir sous ces

---

25. *Obras*, II, 498.
26. *Obras*, II, 498.

symptômes la véritable cause »[27] : il ne s'agit surtout pas d'une prise de position, qui emporterait inévitablement une réaction passionnelle. Il ne s'agit pas davantage d'éviter le problème que peut poser le fascisme, en minorant son importance ou en le rejetant dans les curiosités, les « disparates » de la vie sociale, en le considérant comme un phénomène seulement italien, voire romain. Le fascisme *est*, et il n'est pas que discours ou gesticulation. Il a une substance historique. Il faut le comprendre car on comprend alors son temps. On voit aussi le service que peut rendre cette attitude. Les prises de position politiques ne manqueront pas. Mais ce qui seul peut servir l'action politique, celle du gouvernant comme celle du citoyen, c'est de savoir, c'est de se faire une idée vraie de ce temps qui engendre le fascisme.

Or, c'est la deuxième proposition d'Ortega, toutes les caractéristiques affichées et dénombrables – l'autoritarisme, l'antidémocratisme, le nationalisme, la révolution... – ne définissent pas essentiellement le fascisme. Son noyau substantiel c'est la violence et l'illégitimité[28]. On comprend que partout où l'on retrouvera dans la vie politique la violence et l'illégitimité on aura par là-même un fascisme, l'équivalent, en d'autres circonstances, du fascisme mussolinien.

Le philosophe est l'homme de l'analyse, pas de la confusion, de l'idée distincte, car la distinction seule fait la clarté. Le philosophe aura donc soin de distinguer fascisme et bolchevisme (Ortega écrit ceci en 1925, la date vaut d'être notée). Car celui-ci certes recourt à la force, mais il cherche à consacrer ce recours à la force par un principe, c'est-à-dire qu'il cherche une légitimité, il veut se faire reconnaître non pas comme le négateur du droit, mais comme le créateur d'un nouveau droit. Ce n'est pas pour rien que le bolchevisme se réfère à une éthique, à « une conception de l'univers ». La violence est au service d'un droit. On pourra bien entendu contester la valeur de cette éthique, interroger la substance de ce droit et de cette légitimité nouvelle. Mais on ne comprendrait pas l'adhésion des militants communistes si on oubliait cet aspect des choses.

---

27. *Europa y la idea de nación*, éd. Garagorri, 1985, p. 19.
28. *Obras*, II, 501.

Dans le fascisme, en revanche, l'illégitimité est « constitutive, fondamentale »[29]. Il ne cherche à établir aucun droit nouveau. Et son combat contre le libéralisme démocratique est précisément le combat contre le droit, contre tout droit, contre tout système politique valorisant le principe de sa légitimation, contre ce que nous appelons l'état de droit. Le fascisme est, dit Ortega, en son essence « illégitimiste »[30], il fait du refus de la légitimité son propre principe. Il ne cherche donc pas à se légitimer. Il cherche seulement à s'affirmer violemment, à s'imposer par la force : le fascisme, ce *sont* les « chemises noires », ce *sont* les forces de combat. Reste à savoir pourquoi le fascisme peut s'imposer, comment une minorité violente peut s'emparer du pouvoir dans un État constitué et le garder assez longtemps. C'est la troisième proposition d'Ortega qui permet de dériver une prédiction que nous pouvons aujourd'hui vérifier.

Si le principe de l'illégitimité peut triompher dans une nation, c'est parce qu'il n'existe plus aucune forme de légitimité qui satisfasse, qui « enthousiasme »[31] cette nation. La force des « Chemises noires » est toute négative, elle n'agit que par le défaut des forces d'affirmation, que par le scepticisme à l'égard du libéralisme, que par le doute qui ronge les démocrates. C'est parce que la démocratie a perdu la force de l'idéal, c'est parce que la passion constitutionaliste qui a animé par exemple les révolutionnaires de 1789 a dégénéré, que la négation triomphe. C'est parce que la *normalité* juridique de l'État est morte que la société tout entière s'abstrait de toutes normes légitimes. La force du fascisme, c'est la faiblesse de la démocratie, de la passion libérale. L'examen du fascisme nous a conduit à ses raisons profondes, radicales, souterraines[32]. Le fascisme est un symptôme, un effet, un résultat, il n'est pas un achèvement, une « solution »[33]. C'est dans la trame même des nations démocratiques, c'est dans la substance du libéralisme politique hérité des révolutions du XIXe siècle et déjà de la révolution anglaise, qu'il faut en chercher le secret. C'est en nous-mêmes, c'est dans les masses sociales, et pas seulement

29. *Obras*, II, 503.
30. *Obras*, II, 501.
31. *Obras*, II, 503.
32. *Obras*, II, 500.
33. *Obras*, II, 504.

dans l'action de minorités décidées qu'il faut trouver la raison de son triomphe.

On peut immédiatement en tirer deux conséquences : la première est que le fascisme est un phénomène *transitoire*. Comme il n'affirme rien, il ne construit rien. Il s'empare de l'État simplement parce que l'État n'est plus à personne : « une poignée d'individus peut facilement se rendre maître du pouvoir quand celui-ci est *res nullius*, quand le reste du corps social ne se sent pas solidaire du pouvoir, quand personne n'a plus aucune estime pour les institutions en vigueur » [34]. La seconde est que partout où le pouvoir légitime n'est plus fortement voulu, partout où il n'est plus l'objet d'une foi vivante, il est aussi « à la merci du premier coup de force illégitime » [35]. Ce n'était pas se faire des illusions que d'écrire cela en 1925. Ne serait-ce pas une vérité bonne à entendre trois quarts de siècle plus tard, en Europe et dans le monde, quand la dé-régulation, c'est-à-dire l'annulation des règles, quand la dés-étatisation, c'est-à-dire la contestation de la légitimité d'une volonté générale au-dessus des intérêts particuliers, est en train de devenir un mot d'ordre de masse ? On comprend dès lors, si le seul engagement de l'intellectuel est celui pour la vérité, l'impropriété du terme d'« engagement » [36]. Car pour accéder à une vérité, dans quelque ordre que ce soit, il faut une fondation radicale, un premier principe absolument sûr. C'est

---

34. *Obras*, II, 505.

35. *Obras*, II, 504.

36. Ortega ne traite pas explicitement de ce que nous appelons en France l'« engagement » des intellectuels. Mais il s'en faisait une idée précise... et critique, comme en témoigne, par exemple, ce texte qui date de 1944 : « Je m'adresse aux intellectuels du monde entier, depuis ce petit coin de Portugal [...] je m'adresse à eux comme aux confrères d'une corporation dont le métier n'admet ni le vague, ni l'échappatoire pour leur dire que nous, les intellectuels sérieux et taciturnes des petits pays latins, [...] nous voyons avec honte et douleur la superficialité, l'insuffisance théorique, le manque total de pénétration et de profondeur dont se rendent coupables, depuis des années, les grands intellectuels des grands pays quand ils traitent, dans leurs livres et leurs revues, les problèmes de ce temps. Et si nous remarquons une telle inconscience chez les intellectuels, il ne sera pas surprenant que nous soyons plutôt terrifiés à l'idée de l'inconscience possible des politiques » (*Œuvres*, II, 332). Dans le cycle de conférences qu'il consacre, en 1948-49, à l'œuvre de Toynbee, il esquisse une critique plus radicale du concept sartrien d'engagement en montrant que ce n'est pas un moment de la vie humaine, mais une caractéristique essentielle et constante de la vie humaine, de toute vie ; voir *Obras*, IX, 215-16.

l'objet de la théorie, de l'activité théorique. Descartes l'a compris pour la physique. Leibniz pour la théologie. Ortega reprend le même mouvement de pensée, mais cette fois-ci pour l'histoire. Ce fondement radical il va le trouver dans la vie.

L'originalité d'Ortega en ce point est que ce n'est pas la théorie pure qui peut nous dire ce que doit être l'avenir, qui peut dicter son sens à l'histoire. La tâche de l'intellectuel est plus modeste, mais elle est plus réaliste : examiner la réalité du temps présent, ce qui vient de son passé, ce qui est encore vivant de ce passé, ce qu'il prépare comme avenir, ses projets, ses erreurs et ses vérités, ses espoirs et ses illusions, ses forces et ses faiblesses. C'est donc l'histoire elle-même qui comporte sa raison, qui nous enseigne ce qu'elle est. Il y a chez Ortega cette attention aux faits, au sens immanent, qui distingue immédiatement son propos et des pures réactions passionnelles et du schématisme théorique : « je ne crois pas possible le salut de l'Europe si l'humanité occidentale ne se décide pas, renversant tous ses préjugés et ses simagrées de vieille civilisation, à chercher le contact immédiat avec la réalité la plus crue de la vie, c'est-à-dire à accepter celle-ci intégralement dans toutes ses conditions, sans faire de manières, sans pudeur artificielle. Des siècles durant l'Europe s'est obstinée à éviter cette reconnaissance sincère de la réalité vitale.[37] » Mais il faut ici préciser, car il n'est pas question d'entendre ces formules dans le sens d'un empirisme, tout à l'opposé des positions métaphysiques d'Ortega. Le « grand livre » de l'histoire humaine n'instruit pas plus que le « grand livre » du monde. L'intelligence ne peut se contenter de s'ouvrir passivement aux effluves conceptuels que projetterait d'elle-même la récapitulation du passé humain, pas plus qu'elle ne peut « lire » la loi de la chute des corps en contemplant simplement les pierres tomber du haut de la tour de Pise.

On ne peut projeter sur l'Histoire le schéma d'un sens préétabli de développement, comme le fait par exemple Marx en voyant dans les contradictions des forces productives et des rapports de production le moteur d'un nouvel ordre économique qui se réalisera inéluctablement. Car les schémas théoriques sont eux-mêmes dans l'Histoire, ils sont eux-mêmes un composant de l'Histoire. Et en un sens l'intellectuel ne peut

---

37. « Mirabeau ou le Politique », *in Le Spectateur*, Paris, 1992, p. 138. *Obras*, III, 628.

jamais s'identifier à quelque vision divine, *sub specie aeternitatis*. Il faut constituer le sens de l'histoire, il faut le dégager *de* l'Histoire, l'extraire de l'Histoire, il faut aller au sens qu'a effectivement l'Histoire. C'est pourquoi l'engagement politique est ici dangereux pour la tâche intellectuelle. Car il consiste à présupposer le vrai dans l'idéal, à présupposer la réalité dans le projet, à croire qu'un espoir se distingue aisément d'une illusion. Il consiste à préposer la réalité dans le vouloir. Je peux vouloir le communisme, je peux le désirer, mais je dois aussi parvenir à savoir si ce vœu est en somme réalisable, s'il est compatible avec l'ensemble des vouloirs qui composent l'humanité. Je fais un travail de philosophe, si, doutant de l'objet de ma volonté, je suis prêt à examiner s'il est adéquat au sens de l'histoire, que je ne suis pas seul à faire[38]. L'engagement politique qui implique oppositions et conflits, est un ingrédient de l'histoire, de la réalité à comprendre. Il a bien fallu que l'astronome se place idéalement en dehors du système solaire pour en comprendre le mécanisme. Le philosophe choisit la plus mauvaise place pour juger d'un engagement, de tous les engagements possibles, en le faisant à partir de son propre engagement. Les engagements font, avec tout le reste, l'histoire, mais aucun d'eux n'est en tant que tel l'histoire, pas plus qu'aucune pièce de la bicyclette n'est la bicyclette.

Ce qui est insupportable à Ortega, c'est que l'« intellectuel engagé » est en fait un histrion, pour ne pas dire un tricheur. Il se sentirait assez solidaire de la sage distinction que fait M. Weber entre éthique de responsabilité et éthique de conviction[39]. Chez l'« intellectuel engagé », l'engagement est en effet une attitude humaine vide de toute substance, comme celle de la « belle âme » hégélienne. Il n'assume pas la responsabilité

---

38. On comprend que l'œuvre de Marx doit être examinée avec une intention tout à fait différente : si elle est une œuvre philosophique, elle doit être absolument distinguée des idéaux pratiques qu'ont pu en dériver tels ou tels dirigeants politiques. Il n'est que de lire les textes de Lénine, de Staline ou de Mao pour comprendre immédiatement cette distinction. Mais alors elle doit être soumise à un seul type d'examen et à une seule règle : qu'en est-il de sa capacité à expliquer l'histoire ?

39. M. Weber, *Le Savant et le politique*, trad. J. Freund, « 10/18 », p. 172, sq. Ortega connaissait bien l'œuvre de M. Weber, dont il a préfacé un ouvrage, *Die sozialen Gründe des Untergangs der antiken Kultur*, 1896, traduit en espagnol sous le titre *La decadencia de la cultura antigua, Revista de Occidente*, 1926. Voir *Obras*, II, 537.

de l'action dans toutes ses conséquences ; il s'arrête juste à temps, au stade de la pétition ou du manifeste. Il n'assume pas davantage la responsabilité d'une réflexion exigeante sur la politique qui précisément pourrait l'amener à reconsidérer radicalement sa position pratique. On peut douter qu'il y ait encore quoi que ce soit de ce que Sartre a écrit à ce sujet qui puisse être aujourd'hui sauvé. L'« intellectuel engagé » ressemble au bouffon qui danse autour du roi ou autour d'une cause, en agitant ses grelots. Il réussit en fait cette performance remarquable de ne pas s'engager en vérité, c'est-à-dire jusqu'au sérieux de l'action, sans pour autant faire preuve d'intelligence, jusqu'au sérieux d'une compréhension éclairée de son objet. S'il quitte ce registre ambigu, alors il retrouve toute sa valeur. Personne ne saurait confondre le Sartre des grands textes philosophiques et celui des manifestes et déclarations politiques en tous genres. Il faut que l'intellectuel devienne Jaurès ou Blum, qui s'engagent effectivement dans la politique ou bien Montesquieu ou Rousseau, qui essaient de penser la politique. Il n'y a pas de troisième voie, de voie moyenne. Lorsque Ortega veut comprendre le passé, il est remarquable qu'il soit bien plus curieux d'interroger ceux qui l'ont fait que les « mouches du coche » qu'on voit par exemple autour et dans les marges de la Révolution française : « Je ne dis pas pour autant que nous, les intellectuels, nous soyons la *mouche du coche* de l'histoire, mais il n'en reste pas moins que, même aux époques où leur influence a été la plus grande, elle a été en réalité bien moindre *en tant qu'influence actuelle et directe* que ce qu'on a prétendu ensuite. Ainsi le dogme, très vite reconnu, selon lequel les *philosophes* auraient été la cause de la Révolution française, ne tient pas quand on lit ce que l'historien Johannes Avon Müller écrivait à d'Antraigues, un émigré fanatique qui soutenait cette idée : *Croyez-moi, je ne dis pas que ces mouches sur le timon de la voiture, qu'on appelait les beaux esprits de Paris, n'aient terriblement bourdonné : mais ce n'est pas eux qui ont renversé la voiture : le conducteur était endormi !* » Et Ortega ajoute : « La véritable influence historique des intellectuels est toujours loin d'eux et, à strictement parler, elle ne vient pas d'eux, mais de leurs idées. Seulement les idées des intellectuels ont besoin de beaucoup de temps pour se convertir en « force historique », car pour ce faire elles doivent cesser d'être des « idées » et devenir des « lieux communs », un usage, l'« opinion publique ». C'est l'une des raisons qui fait que le *tempo* de l'histoire est lent, tardigrade.[40] » Autant le terme marque assez ici son mépris, autant son estime est certaine à l'égard de l'homme d'action qui essaie de penser son expérience politique. Mais c'est aussi pour le remettre en perspective, car ce n'est pas encore de la philosophie : celui qui agit lui semble au fond plus intéressant que celui qui juge de haut l'action. C'est pourquoi lorsqu'il analyse une époque passée pour comprendre ce qui est en jeu, il se tourne vers les hommes d'action, vers des hommes qui ont participé à la politique ou qui en furent proches. C'est César[41], c'est le Machiavel des *Lettres*, c'est Mirabeau, c'est Guizot et le groupe des Doctrinaires[42].

III – La place de l'intellectuel dans la société

Etre intellectuel n'est pas une profession. La façon dont une société reçoit et accepte les positions intellectuelles, les affirmations de l'intellectuel, est donc inévitablement problématique. On ne peut pas mieux embarrasser un cardinal romain du XVIIe siècle qu'en publiant les billevesées que l'on sait sur l'héliocentrisme et il n'est pas trop difficile d'imaginer Denys écoutant Platon deviser de constitution idéale. Elle l'est d'autant plus que l'intelligence est toujours exercée par des individus, des personnalités singulières (dans tous les sens du mot !), la raison est exercée par un sujet particulier, elle a *un* auteur. L'univers social au contraire est toujours celui des masses, des grandes collectivités durables. Le social n'est jamais à la même altitude que l'individuel. On ne peut pas dire que l'idée de la relativité même restreinte soit, aujourd'hui, homogène avec les représentations moyennes de l'humanité en matière de physique. Il y a ainsi une antinomie inévitable entre les positions de l'individu, de l'individu qui s'individualise, et celles du corps social. Si l'individu ne fait que répéter les opinions de la masse sociale, il ne s'en distingue pratiquement pas et c'est d'ailleurs ce qui nous arrive dans le commerce social quotidien. L'intellectuel est alors un simple idéologue : « l'opinion de tout un peuple ou de groupes sociaux importants est un pouvoir élémentaire, irréfléchi et irresponsable

---

40. *Obras*, IX, 275-76.

41. « Mirabeau ou le Politique », *in Le Spectateur*, Paris, 1992, p. 110. *Obras*, III, 608. Le texte évoque à côté de la figure de César celle de Mirabeau.

42. *Obras*, IV, 122, sq.

qui, en outre, s'offre inerte et sans défense à l'influence de toutes les intrigues. Cependant l'opinion publique *sensu stricto* d'un pays, lorsqu'elle se prononce sur la vie de son propre pays, a toujours « raison », dans le sens où elle n'est jamais incohérente avec les réalités qu'elle juge. La raison en est évidente. Les réalités qu'elle juge sont ce qui est effectivement arrivé au sujet même qui les juge.[43] » C'est pourquoi un pays, un peuple ne peut juger que de ce qui lui arrive, à lui. Ortega était particulièrement ulcéré quand il devait lire, dans les revues anglo-saxonnes par exemple, de superbes déclarations de scientifiques éminents sur l'Espagne de son temps dont ils ignoraient superbement la réalité profonde. Einstein dont Ortega avait pu mesurer directement le génie physique est aussi muet que le plus béotien des touristes devant la pulsation historique de Tolède[44].

S'il se démarque de l'opinion il apparaît alors comme l'homme du paradoxe, dont la première figure est identifiable dans le prophète biblique[45], mais pour cette raison aussi il a toute chance de n'être pas cru. L'intellectuel n'est donc jamais simplement une sorte de guide, de *leader* de l'opinion publique ; il n'est jamais spontanément entendu, il n'est jamais favorablement accueilli. Ce serait même plutôt le signe d'une dégradation de l'intelligence. Qu'on songe aux relations, de curiosité certes, mais surtout de défiance que les hommes politiques ont assez constamment entretenues avec les philosophes : Hobbes et Cromwell en constituent un cas intéressant et rarement analysé[46]. Par ailleurs il y a un danger, nous l'avons vu, dans l'excès d'intellectualisme. L'intelligence doit donc rester dans une place secondaire et comme telle absolument nécessaire : « depuis un siècle et demi, conséquence de trois siècles d'humanisme, les historiens *tendent* à placer trop en avant les groupes intellectuels et artistiques, ce qui fausse la véritable perspective des forces historiques. Les plus grands des historiens – comme par exemple Hegel, Mommsen, Edouard Meyer – sont seuls à ne pas tomber dans cette erreur

---

43. *Obras*, IX, 310.
44. « Ma visite à Tolède avec Einstein », article publié dans le journal argentin *La Nación*, le 15 avril 1923.
45. *Œuvres*, II, 303.
46. Voir les pages suggestives que Guizot – Ortega l'avait lu de près – leur a consacrées dans *La République et Cromwell*, Paris, 1855.

d'optique. Les autres, les Allemands principalement, *intellectualisent* arbitrairement l'histoire qui devient *littérature*, *art*.[47] » L'intelligence ne dicte pas la politique, elle la comprend. Et c'est seulement en réussissant cet effort de compréhension qu'elle peut espérer orienter l'action ou plutôt modifier, éclairer, réformer les idées de ceux qui agissent, les hommes politiques et plus fondamentalement les masses sociales, dont les hommes politiques ne font guère que suivre les exigences : « la mission des empereurs est de régner, de commander ; celle des intellectuels est de définir »[48]. Ils se trompent l'un et l'autre si les politiques veulent définir, et les intellectuels commander.

L'intellectuel a toujours tendance au repli sur soi, au recueillement intérieur, à l'*ensimismamiento*, comme le dit très exactement l'espagnol. L'intelligence est intimiste et individualiste, elle *doit* l'être : « une telle situation impose à l'intelligence un retrait loin des hauteurs sociales, un repli sur soi-même. [...] Il est nécessaire de tendre à ce que les minorités intellectuelles évacuent de leur travail tout *pathos* politique et humanitaire.[49] » Elle s'oppose donc au mouvement d'extériorisation du politique, à la « vulgarité » du politique. Elle n'est pourtant pas étrangère à la politique. Le politique est l'homme qui fait l'avenir, qui fait sortir l'avenir de la gangue du présent et du passé, il est ainsi naturellement l'homme de la spéculation, c'est-à-dire qu'il doit voir ce qui n'est pas encore visible, il est l'homme... des idées. C'est même ce qui distingue le grand politique, César qui voit la solution de cette contradiction vivante qu'est devenue la Rome républicaine, gouvernée – dit Ortega – par un Conseil municipal quand elle a à gouverner le monde civilisé et bientôt un empire universel. C'est pourquoi le grand politique se signale par son goût pour l'intellectualité. Pour autant les idées de son action, les idées à l'œuvre dans sa construction politique, sont toutes attachées à la considération de la réalité historique. César n'a pas écrit une *Politeia*. De même si Mirabeau élabore dans ses discours célèbres à l'Assemblée le système constitutionnel et représentatif des temps modernes, il n'écrit pas un traité de l'Autorité Politique. Le politique authentique a un projet par delà la conquête du pouvoir, le piètre politique n'en a pas

47. *Obras*, IX, 275. Les mots soulignés le sont par Ortega.
48. *Obras*, IX, 268.
49. *Œuvres*, II, 141.

d'autre que de conquérir et garder le pouvoir. Encore n'y réussit-il pas toujours. Le piètre politique c'est le « gestionnaire », comme on répète dans certaines tribunes, c'est-à-dire le simple conservateur d'un État dont il a hérité.

Seulement le politique n'a pas seulement à concevoir, il a à faire. Si le goût des idées signale le grand politique, ce n'est pas dans le domaine de la politique qu'il s'attarde à exposer des idées. Il les réalise. Ses idées sont ses réalisations. César, qui rédige un traité de l'analogie [50], n'a exprimé nulle part ses idées politiques. Elles sont tout entières dans les institutions qu'il met peu à peu, difficilement, incomplètement en place, c'est-à-dire les institutions impériales. Le politique ne réalise en effet pas seul les actions de l'État, il le fait au sein d'une nation, avec une nation, pour une nation c'est-à-dire qu'il est toujours aussi commandé par la gravité des masses sociales qui poursuivent leur but. Le politique est celui qui porte à la réalité les finalités des peuples.

Tel est le terrain de l'influence intellectuelle : donner leur chance aux idées dans le sourd procès de l'action politique. Travail long, difficile, oblique, souvent en échec, toujours à reprendre. Qu'on pense à la lenteur, au retard caractéristique de l'influence des idées juridiques, des idées issues des grands juristes ou des philosophes dans l'élaboration effective du droit positif. C'est qu'il s'agit non plus seulement d'avoir une idée mais de former un système d'usages intellectuels sociaux, d'idées usuelles si on peut dire au sein d'une collectivité. Lent travail de pédagogie sociale. Qui pouvait croire au Moyen Âge, quelle société pouvait croire, que la torture n'était pas bonne pour la Justice ? « Toutes les grandes époques de l'histoire sont nées de la subtile collaboration entre ces deux types d'hommes » [51] c'est-à-dire le politique et le prophète ou l'intellectuel, les hommes du paradoxe impopulaire. « *Nihil decet invita Minerva*. Rien ne se fera comme il faut si on ne tient pas compte de l'intelligence, disait un proverbe déjà ancien, selon Cicéron, de son temps (*De Oficiis*, I, XXXI). Il l'éclaire en ajoutant ceci : *id est, adversante et repugnante natura,* « sinon ce qu'on fera contredira la nature des choses ». Pendant trente ans on a prétendu *ne pas tenir compte* des

---

50. « Mirabeau ou le Politique », *in Le Spectateur*, Paris, 1992, p.148. *Obras*, III, 636.

51. *Obras*, IX, 267.

intellectuels, mais, quelle que soit l'hostilité à leur égard, on ne peut nier le fait cosmique que l'intellectuel est le seul homme qui *laisse être les choses*, et qui ainsi aperçoive un peu ce qu'elles sont.[52] » Lorsque l'intellectuel, sans agir d'abord sur l'opinion publique, veut s'adresser directement aux Puissants, lorsque, plus encore, il veut s'emparer du pouvoir, il sort de son rôle et son action est vouée à l'échec. L'étude de mouvements typiques du XIXe siècle, comme les rêveries comtiennes ou saint-simoniennes serait intéressante à approfondir dans l'esprit des remarques d'Ortega car il n'est pas sûr qu'ils soient complètement éteints aujourd'hui. Il est aussi une tyrannie de l'idée qui peut faire le lit des tyrannies tout court.

Si l'intellectuel veut se faire politique il n'est plus intellectuel ; au lieu de dire ce qui est, il veut faire advenir ce qui doit être, mais ce qui doit être à ses yeux. La politique consiste à réaliser ce qui doit être aux yeux de l'opinion publique au sens que nous avons dit. Et si le politique veut se faire intellectuel, il doit amender les qualités nécessaires au politique. Christine de Suède à qui, selon la devise célèbre, la couronne ne suffisait pas parce qu'au fond elle ne lui était pas nécessaire, a eu la sagesse d'abdiquer. Le souci spirituel de la vérité, le souci de la vérité qui est l'essence même de l'esprit, est incompatible avec l'insincérité native, mais inévitable et peut-être indispensable du politique[53]. L'homme politique, homme du compromis, ne peut être sincère, il ne peut s'en faire une obligation absolue. Il n'est pas forcément l'homme de la trahison, mais certainement du reniement nécessaire, au sens étymologique du terme. « Le mensonge – à l'intérieur cependant de certaines limites – est un devoir » pour l'homme politique, écrit Ortega[54]. Le politique n'a donc pas de scrupules excessifs en matière de moralité. Il prend ses aises avec la vérité. Le type du politique est ainsi l'exact opposé du type de l'intellectuel. L'intellectuel qui s'occupe de politique est inévitablement confronté à cette contradiction, qu'en général il résout mal.

Ce n'est pas tout encore, car l'acte d'intelligence est une donnée fragile. L'intellectuel est à chaque instant menacé de ne plus l'être. L'état normal de l'humanité, si l'on peut dire,

---

52. *Obras*, IX, 267.

53. « Mirabeau ou le Politique », *in Le Spectateur*, Paris, 1992, p. 132. *Obras*, III, 623.

54. *Obras*, II, 407.

est la stupidité plutôt que l'exercice de la raison. L'*homo sapiens*, aime à répéter Ortega, serait plus exactement nommé *homo insipiens*. Voir clairement les choses, concevoir ce qui est, et le dire exactement est un exercice de patience ; cela suppose le doute, la rectification, la suspension volontaire du jugement, les précautions de toutes sortes. L'intellectuel, purement contemplatif, ne s'intéresse donc pas à la réalisation. Il la retarde le plus qu'il peut. Sa tâche ce n'est pas faire, c'est définir. Faire, c'est « en finir avec », comme nous disons et non pas définir. Le problème de l'utilité de l'intelligence est inévitablement posé. Et au fond l'intellectuel n'a pas de réponse à apporter. Au début d'une conférence sur la situation du *« manager »*, Ortega déclare : « Je ne prétends rien dire aujourd'hui qui ait à vos yeux un intérêt immédiatement pratique, mais, bien au contraire, mettre en évidence des questions, pour vous inciter seulement à les penser.[55] »

L'ambiguïté de l'engagement est concentrée en ce point. Car à quoi s'engage-t-on au juste ? Si c'est à dire la vérité, l'ambiguïté est levée, c'est même le seul engagement du philosophe. « Les soldats, disait Epictète, jurent de ne rien mettre au-dessus de César ; nous, de nous mettre nous-même au-dessus de toutes choses.[56] » Traduisons, de préserver une indépendance absolue vis-à-vis de tout mot d'ordre, de toute puissance, de toute position de parti, c'est-à-dire partisane. C'est le soldat qui s'engage, mais cela veut dire qu'il obéit, qu'il se soumet, qu'il renonce à lui-même. S'engager en politique a un sens clair : c'est s'engager dans un parti ou fonder un parti et, en effet, ne rien mettre au-dessus de César, des décisions du parti, qui sont des décisions de parti, des décisions politiques. Cela n'a rien à voir avec une proposition théorique, toujours révisable, et qui précisément « n'engage pas ». La politique est comme le jeu d'échecs : lorsque j'ai avancé une pièce je ne peux revenir en arrière. Le théoricien peut se permettre de penser en toute irresponsabilité ; plus exactement il n'a de responsabilité que devant le vrai, mais ce n'est pas une responsabilité politique. Si la théorie est fausse, qu'importe, on en change. Pour reprendre une distinction de G. Bastide[57], à laquelle souscrirait sans nul doute Ortega, la

55. *Obras*, IX, 727.
56. Epictète, *Entretiens*, I, xiv.
57. Bastide G., *Traité de l'action morale*, Paris, 1961, t. 1, p. 105.

réflexion véritable « n'engage pas dans... : *elle s'engage à...* ». L'engagement du philosophe n'est pas « l'immersion dans les puissances obscures »[58], c'est-à-dire dans les inévitables et d'ailleurs vitales passions politiques, il est la résolution de chercher toujours la vérité.

L'action politique n'est pas l'acte isolé d'un homme isolé, comme peut l'être la rédaction d'un traité de mécanique céleste. Rien n'est plus étranger à la sensibilité politique que la décision d'Enfantin enfermant à Montmartre ses compagnons saint-simoniens dans cette sorte de couvent laïc dont il attend les plus grands effets. On s'engage dans un parti comme on s'engage – le langage le fait très bien comprendre – dans l'armée. On s'engage alors principalement à obéir, comme le diplomate ou le général s'engage à « servir » sinon César, du moins la France. L'obéissance est un excellent principe de l'action, la raison ne trouve rien à y redire, elle est le principe indispensable d'une action collective, comme l'est l'action politique. Mais elle n'est pas un principe de la vie théorique, pas plus que son corrélat, le commandement. La raison n'obéit, ni ne commande ; elle ne saurait être astreinte, comme le fonctionnaire d'autorité, au devoir de réserve. Elle ne saurait être servile : « c'est en restant solitaire que l'intelligence acquiert un aspect tout à fait différent. L'attention des autres nous pousse à penser *pour* eux, et, comme leur pluralité – la collectivité – n'a d'autre vie que la pseudo-vie de leurs intérêts externes, l'intelligence mise à leur service se fait utilitaire dans le mauvais sens du mot. Par opposition à cette « servilité » de l'intelligence à l'égard de la vie fausse, son usage authentique avait acquis déjà chez les Grecs le caractère « non utilitaire » d'une contemplation pure.[59] » Dès que l'intellectuel veut faire de la politique, c'est-à-dire commander (mais aussi dans le même mouvement obéir ; ne peut commander que celui qui sait obéir), il oublie ce que sont les choses, pour leur préférer ce qu'elles doivent être. À l'être, il substitue le devoir-être. Il fait comme tout le monde, comme l'homme de l'opinion. Il perd son utilité qui vient de ce qu'il est seul à dire l'être, de ce qu'il est l'homme des essences. La confusion ontologique est le péché majeur de l'intelligence théorique, car c'est confondre l'idée avec la chose. L'intellectuel qui doit

58. *Ibidem*, p. 105.
59. *Œuvres*, II, 86.

vérifier, qui doit apprécier l'adéquation de l'idée à la chose ne peut le faire que si d'abord il distingue l'une de l'autre.

La raison appliquée exclusivement à l'action se détourne d'elle-même. Elle oublie son caractère propre, son identité problématique, elle oublie qu'elle doit affronter en lutteur l'antithèse, qu'elle doit aimer le doute, qu'elle est essentiellement dialectique, « fluide », comme dit Hegel[60]. C'est donc en n'étant qu'intellectuel, en mettant en œuvre toutes les qualités du pur théoricien, qu'il a chance d'être utile. Seulement il ne s'agit pas de déduire d'une théorie quelconque (philosophie de la Cité, économie, sociologie) ce que doit être l'avenir et donc l'action présente, il s'agit de faire la théorie du présent historique dans sa singularité pour le comprendre et, ensuite, orienter l'action de ceux qui agissent. L'utilité de l'intelligence n'est pas utilitariste. L'intellectuel ne doit pas non plus déserter[61], vivre seulement dans ses « chères études » ; il a sa place, son rôle à jouer dans l'immense corps de la nation : « les peuples européens sont habitués depuis des siècles à ce que, au fur et à mesure que se produisent les changements historiques, il y ait des gens qui se chargent d'essayer de les éclairer, de les définir. Tel a été le travail de l'intelligence pure. Je ne crois pas que l'intelligence pure ait dans l'histoire un rôle quantitativement très important, mais c'est un fait que les sociétés européennes sont habituées à attendre qu'on fasse la lumière sur ce qui se passe. C'est une fonction de peu de valeur quantitative, comme le sont les vitamines, mais sans laquelle l'organisme ne peut vivre.[62] »

Que l'intellectuel ne puisse être un homme de parti, encore moins un militant ne relève pas d'une question déontologique. C'est pour Ortega une question de possibilité : ce possible peut-il se convertir en réalité, peut-il être ? Il ne suffit pas d'établir que ce n'est pas contradictoire, ce qui satisfait la raison, il s'agit de savoir si c'est réalisable. Or l'intellectuel militant est une possibilité qui ne peut convenir au monde réel, car le monde réel est le lieu du conflit *des* vouloirs avant d'être le lieu de l'accomplissement d'*un* vouloir. L'homme, le citoyen ordinaire, que l'intellectuel est aussi, se pose cette question de l'engagement bien sûr et il y apporte une réponse

---

60. Hegel, *Les Preuves de l'existence de Dieu*, 16e Conférence.
61. *Œuvres*, II, 86.
62. *Obras*, IX, 248.

mais justement en tant qu'homme, en tant que citoyen non en tant qu'intellectuel. La confusion des genres est pernicieuse pour l'un comme pour l'autre. D'un côté elle rétablit une sorte d'argument d'autorité (on le voit bien dans l'utilisation par la télévision de l'homme de science au service de causes politiques ou sociales), de l'autre elle abolit la tâche, bien plus difficile, de l'intellectuel, son vrai engagement, sa mission d'intellectuel.

Le conflit des volontés est une impasse dans laquelle l'intellectuel ne peut s'engager sans renoncer à l'intelligence des choses. En tant que militant, l'intellectuel n'est pas plus utile que n'importe quel autre homme, il a autant de risque que lui de choisir le camp de l'échec. On ne peut reprocher au citoyen grec du IIIe siècle avant J.-C. de vouloir passionnément la liberté et l'indépendance face aux grandes monarchies militaires héritées d'Alexandre. La seule tâche utile de la raison était, qu'on le regrette ou non, de voir, de concevoir clairement que la cause des minuscules Cités toutes jalouses de leur souveraineté était entendue depuis longtemps. L'opinion de l'intellectuel est tout juste une opinion. Elle n'aura d'efficace que fondue dans la généralité de l'opinion publique. Il est un militant parmi d'autres ; s'il se distingue c'est pire, il est un militant qui justifie et donc qui ment. S'il refuse il est traître au parti. On sait comment furent reçus ceux qui eurent ce genre de scrupule. L'intellectuel ne doit pas dépendre de l'opinion publique. Il doit la former, l'éduquer. Le mouvement va de l'intelligence vers l'opinion publique, non de l'opinion publique vers l'intelligence.

II
Une philosophie de la vie

I – La recherche philosophique d'un fondement radical

Le philosophe n'est pas d'abord différent de tout homme, lorsqu'il se livre à cette tâche qu'est la connaissance. La connaissance, toute connaissance, a une motivation. Elle répond à un besoin, à une nécessité vitale. L'homme ne connaît pas par plaisir, ni spontanément. La connaissance n'est pas le seul exercice d'une faculté ou d'un groupe de facultés que nous possédons par nature et qui ne demanderaient qu'à s'exercer, comme l'animal joue d'abord à mouvoir ses membres, à courir, à chasser. La connaissance n'est pas un plaisir, et l'homme n'a pas en lui, inné, un désir de connaître : « la connaissance n'est pas un constituant de l'homme, elle ne lui est pas naturelle ; et puisqu'elle ne lui est pas naturelle, il n'a pas toujours pratiqué, plus ou moins, la connaissance.[1] »

L'homme n'est pas davantage assuré de pouvoir connaître. Que les facultés qu'il possède lui permettent de réussir à tout coup à connaître, d'obtenir quelque chose de satisfaisant en matière de connaissance relève d'une idée fantasque et vaine. Il est d'ailleurs remarquable que ce soit exactement l'inverse qui se produise. Et en ce sens l'intellectuel est d'abord

1. *Œuvres*, II, 56.

l'homme de l'erreur, le spécialiste des grandes erreurs humaines. La vision de la nature dans son ensemble, comme la compréhension des processus naturels dans leur détail, qui sont contenus dans les mythes archaïques le montrent à l'évidence. Et que dire de pans entiers de la science grecque ? Platon, ainsi, voyait plus exactement qu'Aristote en caractérisant l'homme par l'ignorance, plutôt que par un prétendu désir de connaître, par une curiosité naturelle : « on dit que l'homme ressent naturellement de la curiosité. Tel est ce que pense Aristote quand à la question "Pourquoi l'homme fait-il effort pour connaître ?" il répond comme un médecin de Molière : parce que ça lui est naturel. [2] » Pour que l'homme se mette à connaître, pour qu'il se décide à disposer ses facultés spirituelles à cette tâche ardue pour laquelle elles ne sont peut-être pas faites, il faut une raison solide, et constante dans ses effets. Il faut à la fois une cause et un but : « connaître c'est ne pas se contenter des choses comme elles se présentent à nous ; c'est au contraire chercher derrière elles, leur "être". Étrange condition que celle de cet "être" des choses ! Il ne se montre pas à découvert en elles. [3] » C'est pourquoi l'intelligence est une chose fragile : « si de quelque instant présent que ce soit, il regarde vers l'instant qui suit immédiatement, l'homme intelligent n'est jamais sûr de l'être encore, ni de pouvoir compter sur cette intelligence qu'on dit la sienne, bien improprement. Il sait fort bien qu'il ne l'a pas à sa disposition, comme on a son épée. [4] »

Mais c'est justement dans ce défaut essentiel que se trouve la solution. Et, là encore, Platon est un bon maître. C'est parce que l'homme est ignorance qu'il se propose comme tâche de connaître : *« le philosophe donc, à la différence de tout autre savant, s'embarque à la recherche de l'inconnu comme tel »* [5]. Encore faut-il bien comprendre la charge existentielle de l'ignorance. L'ignorance n'est pas seulement ne pas connaître ceci ou cela, c'est être existentiellement en défaut, c'est « souffrir » [6], dit Ortega, c'est ressentir sa vie même comme défectueuse, comme

---

2. *Œuvres*, I, 197.
3. *Œuvres*, I, 197.
4. *Œuvres*, II, 271.
5. *Œuvres*, I, 55. Dans les citations, tous les passages soulignés le sont par Ortega.
6. *Œuvres*, I, 76.

indigente. On voit déjà en ce point combien est engagée la responsabilité de l'intellectuel. La connaissance, les idées, ne sont pas un pur jeu, une activité gratuite et superflue, un luxe de l'existence. C'est l'existence même en sa profondeur qui a besoin des idées. C'est pourquoi le jeu est sérieux. Parce que l'existence est engagée, parce que notre vie en dépend. On voit aussi pourquoi le philosophe est nécessaire. Car le défaut de connaissance ne porte pas essentiellement ni d'abord sur tel ou tel objet. Il porte plutôt sur l'existence même, sur la condition d'apparition de tous les autres objets. La connaissance de cette condition radicale est précisément la philosophie. Une philosophie sert donc à quelque chose. Elle a une fonction propre dans l'organisme intellectuel qui est lui-même nécessaire à l'organisme général de la vie humaine. Il n'y a pas d'intelligence sans philosophie, et l'intelligence sert l'humanité qui la produit. Il n'y a pas de philosophie pour la philosophie comme on a parlé d'un art pour l'art. C'est pourquoi l'impérialisme des sciences, et spécialement de la physique (le positivisme du XIXe siècle) est tout aussi anormal que la dépréciation de la science par la philosophie. Car l'une et les autres sont engagées dans le même esquif et répondent à une même exigence. Nul mieux qu'Ortega ne sera soucieux de cette essentielle complicité des savoirs. Le professeur de l'Université de Madrid recevra Einstein, et l'éditeur de la *Biblioteca del siglo XX* fera traduire le meilleur de la production européenne en sciences humaines.

Il faut décrire exactement cette ignorance humaine, ce défaut qui caractérise l'existence comme humaine, à la différence de l'existence animale ou divine. Si la connaissance s'enracine ainsi dans la profondeur d'un défaut existentiel, elle recouvre immédiatement un aspect dramatique qui distingue la philosophie. La philosophie est un drame, parce qu'elle est d'abord une action, un « système d'actions vitales »[7]. Quand l'homme se met à philosopher, il s'engage et en un sens il se sauve face à l'énorme provocation du monde et de son être même. C'est pourquoi aussi Ortega ne se satisfait jamais de la traditionnelle opposition de la *vita contemplativa* et de la *vita activa*, de la théorie et de l'action : « qu'on ne confonde pas le peu de valeur que mérite le pragmatisme en tant que philosophie et thèse

---

7. *L'Évolution de la théorie déductive*, trad. J.-P. Borel, Gallimard, Paris, 1970, p. 197 sq. *Obras*, VIII, 256. Voir aussi *Œuvres*, I, 34, 54.

générale avec le mépris préconçu, arbitraire et béat pour l'esprit pratique de l'homme au nom de la contemplation pure. Nous nous efforçons ici de tordre le cou à toute attitude béate y compris celle qu'on remarque dans la science et la culture, qui s'extasie devant la connaissance pure sans mettre en question dramatiquement cette connaissance. [...] En descendant jusqu'au problème décisif, qui consiste à définir « notre vie », nous essaierons courageusement de faire l'anatomie de cette éternelle dualité qui divise la vie en *vita contemplativa* et *vita activa*, en action et contemplation, Marthe et Marie. [8] » Car l'une n'est pas exclusive de l'autre. Si l'homme se lance dans l'exploration purement intellectuelle des idées, c'est parce qu'il ne peut faire autrement, c'est parce qu'il en éprouve l'intime nécessité, c'est parce que d'une certaine manière, grâce à elle, il agit : « à l'évidence nous faisons de la philosophie parce que cela nous est nécessaire dans une certaine situation de notre vie : nous philosophons pour vivre dans le moment où notre vie tombe dans une désorientation radicale [...] Nous n'exerçons pas cette fonction de la pensée à l'état isolé et par elle même mais, à l'inverse, pour qu'elle produise son bénéfice dans l'*integrum* de notre vie. Et cette transcendance vitale de la pensée, ce qu'elle est pour le vivre, est ce qui lui donne sa juste valeur. [9] » La théorie n'est certes pas l'action pragmatique de l'homme en direction de tel ou tel objet, mais elle n'en est pas moins action parce que précisément la vie ne peut se contenter de son attache ponctuelle à tel ou tel objet particulier : « si donc le problème pratique consiste à faire que soit ce qui n'est pas – mais qui convient – le problème théorétique consiste à faire que ne soit pas ce qui est – mais qui, en étant ainsi, fait question à l'entendement par son insuffisance. [10] »

Or nous distinguons immédiatement une double intention dans la connaissance : connaître par exemple un outil ou une arme, c'est évidemment savoir s'en servir ou, éventuellement, savoir le produire. Telle est l'intention pragmatique. Mais quand je sais cela, j'éprouve bientôt l'incomplétude de ce premier savoir, et c'est alors que je nais à l'intention théorique, que germe en moi cette nouvelle forme de la connaissance

8. *Œuvres*, I, 42.
9. *Œuvres*, II, 62-63.
10. *Œuvres*, I, 67.

qu'est la philosophie. Savoir manipuler la chose, satisfaire l'intention pragmatique demande plus, demande que la chose me soit donnée en toute assurance. Qu'elle soit en quelque sorte complète pour moi, qu'elle soit toute à moi. Or je satisfais à cette demande d'assurance quand je possède la raison de cette chose, ce que nous appelons son *être*. Connaître prend ainsi son sens le plus clair : connaître c'est posséder l'être. Or l'être n'est pas là. Tel est le paradoxe. C'est parce que j'ai absolument besoin du soleil que je veux m'assurer que le soleil sera toujours là : « lorsque le soleil, soudainement, et en plein jour, refuse d'éclairer l'homme, comme à l'habitude, et de lui être favorable, ce dernier se demande : qu'est-ce qu'*est* le soleil ? Cette question de l'être naît donc lorsque nous y sommes poussés pour avoir perdu confiance en notre circonstance ; elle est ce que nous faisons lorsque devant une chose nous ne savons pas que faire, comment nous comporter, quelle conduite tenir. [11] » Et pour être sûr que le soleil *sera toujours là*, je ne peux me contenter du soleil qui est simplement là, maintenant, du soleil de mes sens. Il faut que je parvienne à un soleil qui sera toujours là. Telle est la définition classique de l'être : « celui qui commence, dans son effort de connaissance, à s'approcher de la lumière, a anticipé que, dans les phénomènes lumineux ou derrière eux en quelque sorte, il y a quelque chose, tel que : 1°) s'il le rencontre, il se trouvera dans un état de tranquillité, de certitude en ce qui concerne le lumineux ; 2°) ce quelque chose présupposé possède une consistance, une texture telle qu'elle se laisse trouver, capturer par le raisonnement. Sinon, sa recherche rationnelle n'aurait aucun sens. Ce quelque chose est l'*être* de la lumière, une manière d'être stable et fixe du lumineux dont dérivent sous une forme réglée ses variations infinies, impossibles auparavant à maîtriser dans leur désordre apparent, leur inextricable confusion. La stabilité, la fixité de l'*être*, son « être toujours ce qu'il est » lui procure le caractère d'identité. [12] » Mais c'est encore mal dire : car ce qui me manque vitalement, ce dont je veux m'assurer absolument, c'est de ma vie ensoleillée ou abreuvée des pluies bénéfiques ou secondée des collaborations d'une humanité qui soit mon alliée et non pas le prédateur redoutable. En ce point, nous passons de l'exigence d'une

11. *Œuvres* I, 295.
12. *Œuvres* II, 104.

connaissance de tel objet, d'une connaissance disons physique, qui caractérise les sciences, à l'exigence plus fondamentale d'une connaissance philosophique. Car je m'épuise à m'assurer des objets un par un, si je ne sais m'assurer de la condition ultime de tout objet quel qu'il soit. Cette radicalité est la marque du philosopher. Et en un sens, pour Ortega, le sujet humain philosophe inévitablement. La philosophie de notre tradition est la mise en forme discursive de cette archaïque nécessité, de ce vieux besoin.

La philosophie est ainsi cette forme du savoir qui sert à comprendre la vie elle-même de chaque homme, qui se saisit du problème vital : « la philosophie est non pas méta-physique, mais ante-physique. Elle naît de la vie même et, comme nous le verrons de manière très stricte, la vie ne peut éviter de philosopher, même si c'est de manière élémentaire. Pour cette raison, la première réponse à notre question *qu'est-ce que la philosophie ?* pouvait s'entendre ainsi : la philosophie est une chose... inévitable.[13] » Car le problème que me pose chaque chose n'est précisément pas lié à chacune des choses elles-mêmes mais à ce qu'elle est dans ma vie ; le problème est alors dans cette condition ultime de l'intérêt que je peux prêter à chacune des choses qui est dans ma vie. La philosophie élabore donc ses affirmations sous la double condition de la radicalité et de l'autonomie. Elle est remontée vers le principe autonome, radical, dont on pourra déduire les attributs essentiels du monde humain. C'est exactement ce que Descartes appelait l'analyse qui « montre la vraie voie par laquelle une chose a été méthodiquement inventée, et fait voir comment les effets dépendent des causes »[14]. Ce principe, nous le verrons bientôt, ne peut pas être la chose mondaine, comme l'a cru l'Antiquité. Il ne peut pas être la seule pensée, comme l'a affirmé Descartes. Il est le vivre lui-même : « je soutiens donc que la description du fait de base de notre relation avec les choses, en termes de conscience ou de pensée est une description mensongère. [...] On ne décrira correctement le fait radical de ma relation avec les choses que si [...] on le décrit ainsi : je me trouve, moi, directement avec les choses comme telles ; il ne s'agit pas des choses *en tant que* pensées, je ne me trouve pas avec les pensées des choses ; au contraire, le cheval est

13. *Œuvres* I, 61.
14. Descartes, *Réponses aux secondes objections*, A.T. VII, 155.

pour moi *cheval* et la fleur est pour moi *fleur*.[15] » C'est pourquoi la recherche ortéguienne va obtenir ce principe grâce à une lecture critique de la tradition philosophique dans ses deux grands moments, antique et moderne. Antiquité, philosophie de la chose, modernité, philosophie de la pensée.

La philosophie relève bien d'une attitude vitale, car vivre c'est vivre en direction du monde dont nous pressentons seulement la complétude : « d'où vient – se demandera-t-on – cet appétit de l'Univers, de la totalité du monde qui est à la racine de la philosophie ? Cet appétit qui paraît spécifique à la philosophie est simplement l'attitude originelle et spontanée de notre esprit dans la vie. De manière plus ou moins confuse, plus ou moins claire, en vivant nous vivons en direction du monde qui nous entoure, dont nous sentons ou pressentons la complétude.[16] » Le monde en quelque sorte n'est pas complet à nos yeux, il ne nous est pas totalement présent, car nous voyons qu'il nous manque quelque chose dans le monde, la raison ultime des choses, le tout des choses, dont nous avons absolument besoin pour nous assurer de la moindre des choses, de la moindre de ses parties. Ce tout du monde nous est « donné » en creux, négativement, dans l'expérience en effet dramatique (et plutôt dramatique qu'angoissante, selon Ortega) de notre besoin. Exister, c'est avoir besoin, être dans la nécessité. Et être dans la nécessité c'est se diriger vers ce qui nous manque et qui n'est pas là. Ce qui nous manque et qui n'est pas là c'est *tout* ce qu'il y a, l'être même de toute chose.

Vivre, disions-nous, c'est être en relation avec le monde, s'adresser à lui, agir en lui, s'occuper de lui. Mais le monde tel qu'il se présente immédiatement à nous ne répond pas totalement à cette demande. C'est face à ce défaut du monde pour ma vie, que ma vie se fait contemplation, théorie, connaissance : « en énonçant le problème de la philosophie nous avons trouvé qu'il était le plus radical que nous puissions imaginer, qu'il était archi-problématique. D'autre part nous avons vu que plus un problème est problématique, plus pure est l'attitude cognitive, théorétique qui le perçoit et le scrute. Pour cette raison la philosophie est l'effort intellectuel par

---

15. *Œuvres*, II, 194.
16. *Œuvres* I, 57.

excellence.[17] » J'ai à connaître, parce que quand j'ai les choses, quand je les rencontre dans mon vécu, je n'ai pas l'être des choses et que j'ai besoin d'avoir l'être des choses (la vérité, le connaître au sens le plus rigoureux). Avec les choses seulement, il me manque quelque chose. C'est ce manque, existentiel, dramatique, qui motive la tâche du connaître. Le problème du motif, de la justification est donc essentiel : « une occupation telle que la philosophie, qui consiste en une exigence si agressive, a la nécessité intrinsèque de se justifier. [...] C'est dans la mesure seulement où l'homme n'a d'autre remède que de faire de la philosophie, où l'on est philosophe *velis nolis*, qu'il est tolérable que la philosophie existe, que le philosophe existe. [...] La philosophie même, pour elle-même, manque de sens si elle n'inclut pas dans son anatomie propre, l'organe de sa propre justification.[18] » L'homme doit soutenir lui-même sa vie. Il doit, à chaque instant, réussir ce qu'il entreprend pour réussir sa vie, pour réussir à vivre. Voilà pourquoi il a besoin, absolument, de savoir. Le sens vital de l'être, c'est la chose telle qu'elle nous procure une assurance. Elle sera toujours là, je sais à quoi m'en tenir avec elle : « si l'homme s'occupe à connaître, s'il fait de la science ou de la philosophie, c'est, sans aucun doute, parce qu'un beau jour il se trouve *être dans le doute*, en des affaires qui lui importent, et qu'il aspire à *être assuré* »[19]. La réalité de l'homme c'est d'être dans la nécessité, dans le besoin des choses. Comme les choses le fuient, l'homme recherche l'être des choses c'est-à-dire les choses sous une forme telle qu'elles ne le fuient pas, qu'il puisse compter sur elles. C'est la mobilité des choses qui fait le défaut, l'angoissant défaut du vivre quand il est, mais il l'est inévitablement, en relation avec les choses. C'est pour savoir ce que les choses seront, que l'homme veut savoir ce qu'elles sont toujours. L'entendement fonctionne comme les bras du naufragé. Penser c'est nager : « on comprend maintenant pourquoi l'entendement fonctionne. Ce n'est pas simplement parce que nous l'avons. Il fonctionne comme les bras du naufragé, pour se maintenir à flot : penser c'est nager pour

17. *Œuvres* I, 75. Toute la leçon V de *Qu'est-ce que la philosophie ?* développe cette idée de la *nécessité* d'une connaissance qui n'a pas d'*utilité* pratique.
18. *Œuvres*, II, 119.
19. *Œuvres*, II, 47.

se sauver de la perdition dans le chaos. Si on veut prolonger la comparaison on pourrait dire que l'*être* est le radeau que le naufragé se construit avec ce qui l'entoure.[20] » L'exigence de la philosophie nous amène déjà à la connaissance de la vie. Ainsi, au cœur même du vivre, des actes qui composent la vie, l'insatisfaction que nous procure le monde nous appelle irrémédiablement à la connaissance. La philosophie est inscrite au centre de la vie, comme une exigence de la vie, parce que l'homme a besoin d'une « perspective totale »[21]. La philosophie n'est donc pas tant la connaissance de l'univers que la connaissance, bien plutôt, de l'ignorance de l'univers. L'objet de la philosophie c'est l'inconnu, c'est l'objet inconnu. L'homme philosophe parce qu'il est immergé dans l'inconnu. L'objet de sa quête, c'est-à-dire le monde de sa vie, ne lui est pas donné. Le monde « proclame son non être et nous oblige à philosopher »[22]. L'homme philosophe parce qu'il y a défaut d'objet, défaut de monde, défaut de la totalité dans laquelle est sa vie. L'objet de la philosophie c'est donc ce qui est *cherché*. Comme il y a pour mon existence du défaut, du manque, il y a du « cherché », il y a quête. La philosophie c'est *tendre vers* cette chose cherchée *(philo-sophia)*. Ainsi le caractère problématique de la philosophie, qu'on lui reproche si spontanément, est-il son caractère essentiel, qui la distingue le plus sûrement des sciences, précisément, « objectives » : « le problème de la philosophie n'est pas seulement illimité en extension, puisqu'il embrasse tout sans avoir de bornes, mais il l'est aussi en intensité problématique. Il n'est pas seulement le problème de l'absolu, mais il est absolument problème. Lorsqu'en revanche nous disons que les sciences singulières traitent d'un problème relatif ou partiel, nous ne suggérons pas seulement qu'elles s'occupent exclusivement d'un morceau de l'univers et rien de plus, mais que ce problème même s'appuie sur des données qui se présentent comme connues et assurées, par conséquent qu'il n'est qu'à moitié problème.[23] » C'est parce que l'homme a à penser les choses sous la condition de leur totalité, qu'il se fait intellectuel et qu'il philosophe. L'exercice est d'autant plus nécessaire que si la raison

20. *Œuvres*, I, 208.
21. *Œuvres*, I, 58.
22. *Œuvres*, I, 79.
23. *Œuvres* I, 65.

a réussi à proposer un modèle efficace, depuis le XVIIe siècle, pour penser la nature (les sciences expérimentales), c'est loin d'être le cas en ce qui concerne les choses humaines et particulièrement l'histoire. La philosophie n'a pas seulement à développer un modèle d'intelligibilité déjà constitué, mais à en créer un nouveau qui prenne en compte ce type de réalité complexe qu'est la vie des peuples dans le temps.

Il faut d'abord retenir ceci : c'est le sujet humain qui philosophe et qui philosophe pour vivre. La théorie est incontournable, elle est liée à la vie. Mais en même temps, faire de la théorie ce n'est plus simplement épouser le mouvement naturel de la vie, la spontanéité du vivre. C'est justement parce que le vivre en sa spontanéité s'éprouve comme problème que l'homme se met à théoriser, c'est-à-dire à se détourner en un sens du pur vivre. Il y a enracinement vital de la philosophie, qui fait sa *nécessité* (nous en avons besoin) ; elle est issue d'un manque et donc d'un appel de l'existence. Mais en même temps, elle émerge de la surface pragmatique de la vie. Ce mouvement est inévitable puisque justement l'action vitale est insuffisamment capable de résoudre son propre problème. La philosophie se pose une question qui n'a plus de sens pragmatique, utilitaire, qui est antérieure à toute position pragmatique, qui est radicale. Et qui l'est du fait même de l'impossibilité où se trouve la position pragmatique, la visée utilitaire, simplement, immédiatement vitale, de résoudre le problème de la vie humaine. L'animal ne philosophe pas, ni Dieu sans doute, le premier parce que le problème vital ne se pose pas au sein de sa vie, le second, parce que le problème est pour lui immédiatement et de toute éternité, résolu.

En ce point, il faut poser nettement et la nécessité de la philosophie et la spécificité de la théorie, son inutilité pragmatique. Une connaissance est ainsi nécessaire qui n'est pas pratiquement utile. Le problème absolument problématique se pose nécessairement à l'homme et il y a donc une couche du vivre plus profonde que la vie pratique, que l'action immédiate. Il faut ainsi bien distinguer le nécessaire et l'utile. Le moins utile est aussi le plus nécessaire. C'est dans cette ambiguïté qu'est toute la difficulté – et la responsabilité – du philosophe : il ne doit pas se rendre utile, il a mieux à faire, il ne doit pas non plus se confiner dans un rôle superflu. Sans céder au practicisme, il doit assumer sa nécessité. On comprend qu'une dérive, qu'une perversion de la philosophie est toujours possible soit vers l'utilité (c'est le sophiste), soit vers la vanité (c'est l'acrobate intellectuel, l'histrion des idées). Le philosophe n'est pas un simple idéologue par conséquent au service de l'homme d'action, ni son compagnon de route. Il n'est pas non plus le contemplatif rejeté hors du monde, dont le mystique représente assez bien la figure type : « si le mysticisme c'est se taire, philosopher c'est dire : découvrir dans la grande nudité et transparence de la parole l'être des choses, dire l'être – *ontologie*. Face au mysticisme, la philosophie voudrait être la publicité du secret. [24] » Le philosophe a pour mission de porter à la clarté – vertu cardinale de sa corporation, pour Ortega – cette connaissance radicale de la vie dont tout homme a besoin absolument, parce que l'action vitale s'éprouve inévitablement comme problématique. C'est assez dire non seulement sa nécessité historique, mais sa responsabilité. Le philosophe n'est pas un artiste, un jongleur inutile, il a à dire la vérité de l'existence parce que produire la vérité de sa vie est nécessaire à l'homme.

II – Le concept de vie

« Dire tout ce qu'il nous paraît y avoir, c'est-à-dire l'Univers » [25], tel est le programme d'une théorie proprement philosophique. Sommes-nous pour autant conviés à parcourir l'énorme catalogue de « choses » qui composent cette totalité où s'inscrit notre vie, et qui, en tant que totalité, nous fait toujours défaut ? Non bien sûr, car l'Univers précisément n'est pas une collection de choses. Ce que nous devons chercher c'est l'unité de l'Univers, le « Un » de l'Univers, c'est-à-dire le principe à partir duquel il y a tout le reste, connu ou inconnu, connaissable ou inconnaissable, réel ou simplement possible. Il n'est heureusement pas nécessaire de décrire les choses les unes après les autres. Pour trouver les données de la philosophie, il faut trouver ce qui est assurément, ce qui s'offre à une intuition absolument incontestable, et à partir de quoi tout le reste peut être appréhendé, peut être en somme « mis à sa place ». C'est l'esprit de la première méditation cartésienne qui habite encore Ortega quand il part dans l'exploration théorique de l'Univers. Nous allons voir qu'il nous faudra cependant bientôt quitter la base avancée du cartésianisme.

---

24. *Œuvres* I, 89.
25. *Œuvres*, I, 91.

Deux grandes voies ont été explorées depuis les débuts de la philosophie en Grèce. La première thèse affirme que la chose est la réalité radicale, c'est la philosophie antique : « ainsi posons-nous une première thèse qui fut d'ailleurs la première aussi, chronologiquement parlant, dans l'histoire de la philosophie ; la voici : la réalité ou l'être consiste en les choses et en leur ensemble, qui a pour nom, le monde.[26] » La deuxième thèse affirme que la pensée, ma pensée est la réalité radicale, c'est la philosophie moderne, inaugurée par Descartes et continuée dans l'idéalisme jusqu'à la phénoménologie husserlienne : « la thèse qui affirme : la réalité est le Monde, les choses, est articulée à une autre. Celle-ci : la réalité est un sujet qui pense le Monde, les choses. La réalité de cette paroi est problématique : la réalité de ma vision de la paroi est indubitable. Telle est donc la réalité solide, celle de mes pensées, de mes idées. La thèse réaliste s'annule pour laisser place à la thèse idéaliste. Ceci se produit historiquement à l'époque de Descartes. C'est la thèse moderne. L'humanité occidentale a vécu en elle, en la modulant d'une manière ou d'une autre, depuis 1600 jusqu'à nos jours, comme sur une terre ferme. L'interprétation de la vie – par conséquent de l'homme et du monde – dans laquelle nous avons été éduqués, qui est imprimée en nous, que nous avons trouvée en naissant et qui, par conséquent, appartenait à notre circonstance, était l'interprétation idéaliste. (Français, Anglais, Allemands ; XVIIe siècle, XVIIIe siècle, XIXe siècle ; idéalisme ! Le XXe siècle commence avec, en 1900, les *Recherches logiques*, de Husserl ; en 1913, ses *Idées directrices pour une phénoménologie pure*, forme la plus extrême, la plus rigoureuse de l'idéalisme). C'est donc la thèse dans laquelle nous sommes.[27] » Le grand apport du XXe siècle consistera à sortir de cette contradiction en montrant que la vie, ma vie, l'existence de l'homme, de chaque homme, peut seule constituer cette réalité radicale que nous cherchons.

Reprenons en détail la démarche ortéguienne. L'homme rencontre comme première évidence celle du monde. Seulement cette évidence est mal fondée et ne résiste pas à l'examen critique. Elle manque en effet d'autonomie. Elle a besoin de l'affirmation du sujet. Si je ferme les yeux, rien ne peut m'assurer de l'existence encore des objets visibles. C'est ce

26. *Œuvres*, I, 321.
27. *Œuvres*, I, 323-24.

qu'établit Descartes par l'entreprise du doute méthodique, du doute volontairement exercé et étendu ainsi à l'ensemble des objets sensibles, puis aux objets intelligibles. Dès lors c'est l'évidence du moi, du sujet, de la pensée qui seule peut se poser comme autonome, car précisément la pensée s'apparaît à elle-même : pour être assuré que je pense, il suffit que je pense. Je n'ai besoin de rien autre. Telle est la découverte, fondamentale, du cartésianisme. Le philosophe n'arrive jamais seul à la philosophie, ni dans un monde vide d'idées. La pensée philosophique est « une pensée d'héritier » [28]. Une pensée coupée de tout héritage est une pensée primitive. Plus que tout autre Ortega a le sens de l'histoire des idées, de l'historicité de la connaissance philosophique. Le philosophe s'est formé lui-même dans une tradition philosophique, qui ne fut pas une simple curiosité dans les marges de l'histoire, mais qui représente le constant effort de l'humanité pour remonter à ce principe de toutes choses, qui seul peut fonder une connaissance assurée et donc une action assurée, la grande sérénité de l'action vitale.

C'est lorsque cette tradition philosophique échoue à ses yeux à rendre compte du monde, que le philosophe entreprend le nécessaire examen critique. C'est parce que la tradition ne résout plus le problème de son monde que le philosophe cherche à dépasser la tradition qu'il a d'abord intégrée et qui l'a porté lui-même à la réflexion vivante. Ainsi de Descartes face à la scolastique, et face aussi à Montaigne ; ainsi d'Ortega, ainsi du philosophe du XXe siècle face à l'héritage idéaliste, dont Descartes a posé la première pierre. C'est alors que l'évidence du « je pense, je suis » doit être attentivement réexaminée ; l'effort critique est amorcé dans le cours de 1929, *Qu'est-ce que la Philosophie ?* puis repris et développé minutieusement dans les *Leçons de Métaphysique*, en 1932. Dégageons l'axe central, avant d'en venir au détail : le doute atteint la modalité de l'affirmation du monde. Le monde est en effet douteux, mieux, il peut être révoqué en doute, il est *dubitable*, dit l'espagnol, et non pas seulement *dudoso*, « douteux » : « tel était le sens du doute méthodique qui pour toujours situe Descartes au seuil de la connaissance philosophique. Son sens ne consistait pas simplement à douter de tout

28. *Œuvres*, I, 177.

cela qui suscite effectivement des doutes en nous – cela, tout homme sensé le fait à chaque instant – mais il consiste à douter aussi de ce dont on ne doute pas en fait mais qui pourrait, en principe être dubitable [29]. Ce doute instrumental et technique, le bistouri du philosophe, a un rayon d'action beaucoup plus ample que l'habituelle suspicion humaine, puisque dépassant le douteux il s'étend jusqu'au dubitable. Pour cette raison Descartes n'intitule pas sa célèbre méditation : *De ce qu'on révoque en doute*, mais : *De ce qu'on peut révoquer en doute.* [30] » Mais le doute n'atteint pas la relation du « je », de ma pensée, au monde. Le sujet est donc indissolublement lié au monde, lequel peut certes être affirmé, nié ou en quelque sorte suspendu, mis entre parenthèses. Quoi qu'il en soit, sous quelque forme que ce soit, le monde est toujours là, en étroite relation avec moi, du moins cette partie du monde avec laquelle je suis directement en rapport et qu'Ortega appelle la circonstance (*circunstancia*, du latin *circum stare*, se tenir, être autour. Rappelons que le verbe espagnol *estar* – être là – vient du latin *stare*) : « l'homme, en se trouvant, ne se trouve pas en soi et par soi, indépendant et seul ; il se trouve tout au contraire toujours en autre chose, au-dedans d'une autre chose (qui, à son tour, se compose de bien d'autres choses). Il se trouve entouré par ce qui n'est pas lui, il se trouve dans un entour, dans une circon-stance, dans un paysage. [31] » Mais c'est par cette partie que de proche en proche, par la médiation théorique des hypothèses scientifiques, le reste, tout le reste du monde peut m'être donné aussi. Telle est la véritable proposition autonome qui fait le socle de la réflexion philosophique : l'évidence radicale est celle du sujet et de sa circonstance. Cette unité c'est ce que nous appelons *notre vie* : « la réalité primordiale, le fait de tous les faits, le donné pour l'Univers, ce qui m'est donné est... ma vie – non pas mon moi seul, non pas ma conscience hermétique, ces choses sont déjà des interprétations, l'interprétation idéaliste. M'est donnée « ma vie » et ma vie consiste avant tout à me trouver, moi, dans le monde ; encore est-ce trop vague : dans ce monde-ci, dans celui de

29. Pour rendre intelligible l'opposition entre *dudoso*, douteux, et *dubitable*, qu'on peut révoquer en doute, nous proposons, sur le modèle d'« indubitable », le néologisme « dubitable ».

30. *Œuvres*, I, 82.

31. *Œuvres*, I, 258.

maintenant.[32] » Restera à dégager les caractéristiques essentielles de cette nouvelle réalité dont le terme est élevé au rang des concepts cardinaux de la philosophie.

L'acquit d'abord de la *Première Méditation* cartésienne : les sens ne nous procurent pas une donnée indubitable. Ainsi le doute a-t-il « rongé l'assurance du monde extérieur »[33]. La philosophie ne peut donc partir du fait de l'existence du monde extérieur. Ce n'est pas une *donnée*. Elle ne peut partir que de sa mise en doute, de sa « révocation » en doute. La philosophie oblige à se détacher des croyances vitales. C'est d'ailleurs la seule difficulté de ce premier pas : il va à contre-sens de l'expérience ordinaire, il prend la vie à contre-pied, il inverse la « pente naturelle » de nos affirmations, dirait Descartes. Nous verrons que c'est la même décision qui peut signaler la réflexion philosophique quand il s'agit d'étudier les croyances politiques : car au monde apparemment évident, immédiatement évident de la sensation correspond le monde non moins immédiatement évident des croyances sociales, des habitudes de la pensée collective, des *idola fori*. Ne rien supposer donc, ni l'existence ni d'ailleurs l'inexistence du monde. Chercher ce qui se pose de soi-même, ce qui s'impose. Or la chose indubitable, elle est là, sous nos yeux, il suffit d'y « prendre garde », c'est le doute lui-même. Ortega va dégager le sens du doute cartésien, qui n'est que le prototype de toute pensée, qui n'a d'intérêt métaphysique qu'en ce qu'il manifeste évidemment le caractère essentiel de la pensée : douter de quelque chose, c'est « me paraître à moi que quelque chose est douteux »[34]. Oublions la modalité du jugement, il reste ce noyau essentiel : penser c'est « me paraître à moi ». En la pensée, en toute pensée, je découvre que l'être s'identifie exactement à son paraître. La pensée se réalise, elle est, quand elle s'apparaît à elle-même, à chaque fois qu'elle s'apparaît à elle-même. Je pense ceci ou cela quand il m'apparaît à moi ceci ou cela que je pense.

Telle est la donnée indubitable de l'Univers, et voilà pourquoi elle est indubitable : parce qu'il suffit que la chose pensée soit pensée, c'est-à-dire qu'elle m'apparaisse pour que cette pensée soit. Il suffit que je pense pour que ce penser soit,

32. *Œuvres*, I, 157.
33. *Œuvres*, I, 113.
34. *Œuvres*, I, 116.

puisque dès que je pense quoi que ce soit, il m'apparaît que je le pense. Telle est la « magnifique, la décisive découverte de Descartes »[35]. Ce que découvre Descartes n'est pas propre au doute, mais au doute en tant que pensée. Il suffit que je pense pour qu'existe ce penser. L'idéalisme est dès lors tenté de tout expliquer à partir de ce socle absolument ferme, c'est-à-dire d'expliquer tout le reste comme n'ayant d'autre réalité que celle qui consiste à être pensé, à être idée. Ce système d'explication convient-il ? Là commence la *terra incognita* de la philosophie nouvelle.

Nous venons de découvrir le fait brut, irrécusable, de la subjectivité : « la pensée, la *cogitatio*, est la donnée radicale parce que la pensée se tient toujours soi-même, elle est l'unique chose qui soit elle-même présente à elle-même et qui consiste à se rencontrer ainsi avec soi-même »[36]. Ortega s'y attarde encore pour nous rendre familière la découverte, pour que nous nous l'appropriions avant d'en tirer les conséquences spéculatives qui nous intéressent : « l'idée de la subjectivité, du primat de l'esprit ou de la conscience comme fait premier de l'Univers est si énorme, si ferme, si solide que nous ne pouvons pas croire illusoirement la dépasser facilement ; au contraire, nous devons nous enfoncer en elle, la comprendre et la maîtriser complètement. Sinon nous ne pourrions pas même essayer de la dépasser. En histoire tout dépassement implique assimilation : il faut absorber ce qu'on va dépasser, porter au-dedans de nous justement ce que nous voulons abandonner. Dans la vie de l'esprit on ne dépasse que ce que l'on conserve.[37] » L'approfondissement occupera les leçons 8 et 9 du *Qu'est-ce que la Philosophie ?*[38] et les conséquences seront tirées dans les leçons 10 et 11 du même cours[39]. Ortega va se demander ce qu'il faut présupposer pour qu'il y ait cette expérience de la subjectivité. Pour qu'il y ait ce petit théâtre intime de la pensée, que faut-il qu'il y ait de présupposé ? Notons que sa méthode est strictement celle que définit Descartes dans la deuxième règle de sa méthode[40], la

35. *Œuvres*, I, 117.
36. *Œuvres*, I, 118.
37. *Œuvres*, I, 119.
38. *Œuvres*, I, 125-138.
39. *Œuvres*, I, 161-196.
40. Descartes, *Discours de la Méthode*, 2e partie.

méthode de l'analyse, selon le terme qu'il reprend aux géomètres grecs : il ne s'agit pas seulement de décomposer (ce n'est que le moyen), il s'agit grâce à cela, grâce à cette division de ce qui peut être divisé, de remonter vers un principe indubitable, vers une évidence absolument nécessaire, c'est-à-dire vers une liaison qu'on ne peut plus défaire, au delà de laquelle on ne peut plus poursuivre la division [41].

Or, pour qu'il y ait subjectivité, pour qu'il y ait pensée, il faut qu'il y ait le « *quid* » de la subjectivité, il faut qu'il y ait la chose pensée. Pour qu'il y ait un « me paraître à moi », il faut qu'il y ait quelque chose qui m'apparaisse. Le doute empêche certes d'affirmer ou de nier l'existence de cette chose, mais ne supprime pas pour autant le fait qu'elle est la chose que je pense, et ainsi autre chose que le fait de la penser. Le doute m'interdit de me prononcer sur le statut ontologique de cette chose prise en elle-même, mais ne peut atteindre sa relation inévitable à ma pensée, le fait qu'elle est ce que je pense, serait-elle illusoire. Pour qu'il y ait un « m'apparaître à moi », il faut qu'il y ait le « m'apparaître », mais il faut qu'il y ait tout autre chose en même temps, la chose qui m'apparaît. Je peux bien par exemple être victime d'une hallucination si je vois brusquement un taureau furieux entrer dans la pièce. Le doute a érodé ma conviction, il m'empêche d'affirmer l'existence du taureau : certes, le taureau est douteux, mais il n'y en a pas moins un taureau (oui, douteux) pour qu'il y ait eu cette pensée (fausse) du taureau. La pensée du taureau est objectivement fausse, bien entendu, mais subjectivement réelle : « supposons que nous tous qui sommes ici, nous ayons soudain une hallucination ; nous voyons tout d'un coup entrer ici un taureau furieux. Je demande : quel est ce qu'il y a dans l'Univers, dans le temps de notre hallucination ? Il y a un taureau furieux : il y a indubitablement ce taureau et il y a nous, terrorisés, devant le taureau. Il y a l'un – le sujet – aussi bien que la chose – le taureau – et il n'y a pas l'un plus que l'autre. [42] » Voilà les deux données inséparables, les deux côtés indissolublement liés l'un à l'autre, voilà la liaison que je ne peux plus diviser ; pour avoir l'un il me faut l'autre. Et il faudra ajouter la réciproque : pour qu'il y ait la chose pensée,

41. Descartes, *Réponses aux Premières Objections*, Adam Tannery, IX, 92 sq.

42. *Œuvres*, I, 337.

il faut qu'il y ait la pensée. Le monde aussi se détermine dans sa liaison indissoluble avec la pensée. On comprendra qu'il faut reprendre à nouveaux frais et la définition de la pensée, et celle du monde.

Par ce dépassement de l'idéalisme, Ortega veut ainsi retrouver les voies d'une pensée en quelque sorte crédible. Le premier motif qui nous pousse à sortir de l'idéalisme c'est que nous désirons une autre vérité. Et on désire une autre vérité parce qu'au fond, quelle que soit la solidité théorique de l'idéalisme, c'est-à-dire la difficulté qu'on a à prouver qu'il est faux, personne n'y croit. Vitalement parlant, la vérité de l'idéalisme est inassimilable : « l'idéalisme, cette philosophie qui nie « la réalité du monde extérieur ». Peut-on croire *sérieusement* une telle chose ?[43] » Or l'examen attentif, méticuleux, de sa découverte centrale permet de sortir de l'impasse, et de « revoir les étoiles », selon la formule du Dante qu'Ortega aime à citer. Il faut d'abord désubstantialiser le sujet du « je pense ». La seule expérience incontestable, rappelons-le, quand je pense quelque chose, c'est qu'il m'apparaît à moi que quelque chose est pensé. L'être du je pense est le pur m'apparaître à moi. Les notions traditionnelles de l'ontologie aristotélicienne devront donc être abandonnées. Mais la désubstantialisation du sujet entraîne la désubstantialisation de l'objet puisque celui-ci n'est donné que dans ce pur « m'apparaître à moi ». Il n'y a pas d'être au sens classique du terme : ni un être revêtu des attributs de la pensée, ni un être revêtu des attributs du cosmos. La seule réalité en revanche qu'on puisse dire, et celle-ci incontestable, c'est l'indissoluble liaison de la chose qui m'apparaît dans ma pensée et de l'apparaître à moi de cette chose. Tel est le nouveau sens de la notion d'être.

Comprenons bien, avant de nommer enfin ce nouvel être que la théorie vient de reconnaître. Que l'objet ne soit que ce qu'il m'apparaît être ne me permet pas de dire que l'objet est de l'idée, de la pensée. Que la chaise soit quand elle est vue par moi, ne me permet pas de dire que la chaise vue soit le « voir » la chaise. Voilà le coup de force subjectiviste de l'idéalisme cartésien et plus encore de ses descendants. Le théâtre où Ortega donne ses leçons n'existe qu'en tant que je le vois comme le voyaient ses auditeurs, il existe tel qu'il m'apparaît ;

---

43. *Œuvres*, II, 64.

certes, mais il ne se confond pas avec le « voir ce théâtre », avec le « m'apparaître à moi » de ce théâtre. Réciproquement mon « voir le théâtre » n'existe que parce qu'il y a un théâtre vu. Je ne suis pas le théâtre pas plus que le théâtre n'est moi, encore une fois, quel que soit le statut ontologique de ce théâtre, ne serait-il qu'une illusion, qu'un pseudo-être fantomatique : « nous sommes ce théâtre et moi face à face l'un et l'autre, sans intermédiaire : il est, lui, parce que je le vois et il est ce que j'en vois, tel que je le vois, du moins pour ce qui échappe au doute ; il épuise son être dans son m'apparaître. Mais il ne se trouve pas en moi, ni ne se confond avec moi : nos relations sont pures, sans équivoque. Je suis celui qui maintenant le voit, il est ce que maintenant je vois – sans lui, sans d'autres choses comme lui, mon voir n'existerait pas, c'est-à-dire que je n'existerais pas, moi. Sans objets il n'y a pas de sujet. L'erreur de l'idéalisme consista à se convertir en subjectivisme, à souligner la dépendance dans laquelle les choses se trouvent par rapport à ma pensée, à ma subjectivité, sans remarquer que ma subjectivité dépend aussi de l'existence des objets.[44] » Le philosophe a justifié ainsi l'inébranlable résistance du sens commun. Oui, il y bien deux choses, mais – ce que ne savait pas le sens commun – deux choses irréductiblement liées, deux choses que je ne peux pas diviser. C'est exactement le critère de l'évidence selon Descartes. Voir l'étoile est mien, c'est mon acte, ma pensée. Mais voir l'étoile n'est pas l'étoile. Pas davantage l'étoile n'est le voir l'étoile, la pensée de l'étoile : « je me rends compte que je pense quand, par exemple, je me rends compte que je vois ou que je pense une étoile ; et alors ce dont je me rends compte c'est qu'il existe deux choses distinctes, bien qu'unies l'une à l'autre : moi qui vois l'étoile et l'étoile qui est vue par moi. Elle a besoin de moi, mais j'ai besoin d'elle aussi. Si l'idéalisme ne disait rien d'autre que ceci : la pensée existe, le sujet, le moi, il dirait quelque chose de vrai encore qu'incomplet ; mais il ne se contente pas de cela. Il ajoute : il existe *seulement* une pensée, un sujet, un moi. Cela est faux. Si un sujet existe, un objet existe inséparablement, et vice-versa si j'existe, moi qui pense le monde, le monde que je pense existe. Par conséquent la

44. *Œuvres*, I, 154-55.

vérité radicale est la coexistence de moi et du monde. Exister c'est primordialement coexister – c'est voir quelque chose que je ne suis pas, aimer un autre être, souffrir des choses.[45] »

Nous pouvons enfin nommer cette réalité nouvelle, à deux faces, que nous avons découverte : c'est exactement ce que nous appelons notre vie, ce que Sartre, plus tard appellera l'existence[46]. Mais ce vivre, notre vie à chacun de nous, n'est pas une réalité comme les autres réalités, elle n'est pas un être comme les autres êtres. Ce n'est même pas un être du tout, car précisément il n'a pas comme caractéristique d'être (dans son sens verbal). Il faut donc une nouvelle ontologie, une ontologie audacieuse qui voie, à l'inverse de la vieille détermination scolastique, dans l'*indigence*, la caractéristique de l'être : « la substance est ce qui n'a besoin de rien d'autre pour exister. [...] L'être substance est ce qui n'est pas *indigens*, ce à quoi rien ne manque pour exister. [...] Mais voici que l'homme est originellement celui qui n'est pas encore ce qu'il est ; celui qui au contraire doit s'efforcer de l'être, de lutter pour exister et pour exister selon son programme, son aspiration. L'homme est présentement – dans tout présent – justement ce qu'il n'est pas encore parvenu à être. Il est par conséquent ce qui lui manque. Loin d'être suffisant, il est l'être indigent. Le seul concept d'Aristote qui nous serve pour définir l'homme est le plus extravagant de toute sa philosophie : c'est le concept de privation. L'homme est un faisceau de privations. Lui et toutes les choses proprement humaines – la connaissance par exemple – doivent être définis par ce qui leur manque. Le manchot est celui que nous définissons par le manque de son bras. Ontologiquement l'homme est un moignon.[47] » L'être statique est révoqué au profit d'un être dynamique, agissant, parce qu'en quelque sorte il manque à être, il se fait défaut à lui-même. Il a donc à se donner l'être.

---

45. *Œuvres*, I, 163.

46. Le terme *existencia*, existence, trop proche du terme scolastique (*Œuvres*, I, leçon 4, 263 sq.), ne paraît pas convenir, pour cette raison, à Ortega. *Existencia*, en espagnol, désigne « ce qu'il y a » ; au pluriel par exemple, *las existencias* désigne le stock de marchandises dans une boutique. Rien à voir avec l'existence humaine.

47. *Œuvres*, II, 240.

III – Les catégories de la vie

Quels sont alors les attributs de cette réalité nouvelle, de cette liaison indissoluble du moi qui pense, et du monde qui est pensé, que j'appelle ma vie ? Aristote a défini les catégories de l'être comme les propriétés constitutives de tout être réel, du seul fait qu'il est un être. De même on recherchera les catégories du vivre, c'est-à-dire les propriétés générales de toute vie, du seul fait qu'elle est une vie, et indépendamment des contenus indéfiniment singuliers qu'elle peut prendre : « les catégories d'Aristote sont les propriétés nécessairement constitutives de tout être réel, du seul fait qu'il est réel – avant tous ses autres éléments spécifiques et indépendamment d'eux. Comme notre réalité "vivre" est fort différente de la réalité cosmique des Anciens, elle sera constituée par un ensemble de catégories, ou composants, tous inévitables, également originaires et inséparables les uns des autres. Nous cherchons ces catégories de "notre vie". Notre vie est "celle de chacun", par conséquent la mienne diffère de la tienne, mais toutes deux sont "mon vivre" et chez toutes les deux il y aura une série de composants communs – les catégories de ma vie » [48]. Avant d'entreprendre une telle recherche, il faut d'abord bien prendre en compte deux caractéristiques qui la distinguent absolument de toute autre forme de connaissance. Une vie en effet est toujours une vie singulière, la vie d'un individu absolument différent de tous les autres. Voilà qui interdit à la philosophie de suivre simplement la méthode des sciences. Nous n'avons pas à chercher une généralité, mais ce qu'est un être singulier. La philosophie peut d'autant moins s'inspirer des méthodes de la science qu'elle se situe – nous l'avons vu – dans une strate qui précède absolument celle des sciences et que celles-ci supposent. Le vivre est principe, il est premier, il est avant tout le reste : « qu'est-ce que cela – votre vie, notre vie, la vie de chacun ? Apparemment une chose sans importance puisque la science ne s'en est jamais occupé. Et cependant cette réalité si négligée par la science, a de toute évidence cette caractéristique effrayante, étonnante d'enfermer, pour chacun, *tout*, toutes les autres réalités, y compris la réalité science, la réalité religion, puisque science et religion ne sont rien d'autre que deux des innombrables choses qu'un

48. *Œuvres*, I, 184.

homme fait en sa vie. Cela ne vaut-il pas la peine, avant que la Métaphysique ne commence à nous dire ce qu'est l'Univers, de considérer ce fait préalable, le plus humble, mais irrécusable, que la Métaphysique elle-même n'est rien d'autre que quelque chose que l'homme – vous, moi – nous faisons dans notre vie, et qu'ainsi cette dernière est quelque chose d'antérieur, quelque chose qui précède tout ce que la Métaphysique ou quelqu'autre science, ou la religion même peuvent nous découvrir ?[49] » La science n'est qu'une forme du vivre, une possibilité de la vie. Il faut d'abord que je sois un « vivre » pour le déterminer ensuite comme activité théorique. La philosophie doit donc s'interdire tout recours aux concepts de la science parce qu'ils sont seconds, dérivés, « hypothétiques » dirait Platon et qu'en recherchant le vivre nous régressons vers ce qu'il appelait l'anhypothétique. Ainsi ma vie ne saurait être définie à la manière de la biologie. Rien n'est plus opposé à un biologisme que la réflexion ortéguienne. Il faut insister sur ce point où se trouve la source de tant de méprises. L'emploi du mot « vie » comme concept philosophique, à la place du terme d'existence, a pu faire croire à cette interprétation positiviste de l'ortéguianisme, qui lui est absolument étrangère. Les concepts de la biologie appartiennent comme tous les concepts des sciences à la sphère dérivée : ils constituent une construction théorique qui est une des activités possibles de ma vie. Lorsque par exemple j'apprends que mon organisme est fait de cellules, je n'apprends rien sur « ma vie » qui précisément ne se donne jamais à moi comme une organisation complexe de cellules. C'est au contraire parce que d'abord je vis que je peux consacrer ma vie à élaborer des hypothèses sur la façon dont est fait mon corps. La vérité de ma vie est donc, comme le souligne souvent Ortega, dans une *biographie*, et non dans une *biologie* : « la vie dont nous commençons à parler n'est pas la vie biologique. L'ensemble des phénomènes organiques que la biologie appelle "vie" est déjà une création théorique de l'homme biologiste qui, en vivant non pas biologiquement mais biographiquement son vivre premier et fondamental, fait de la biologie comme il fait tant d'autres choses. La biologie apparaît à l'intérieur de la biographie de certains hommes, les "biologistes", qui donnent

49. *Œuvres*, I, 236.

ainsi à leur vie cette occupation de faire des recherches sur les phénomènes organiques, qui font la biologie.[50] » Ma vie n'est donc pas davantage mon corps. Le philosophe doit se débarrasser de tous les concepts présupposés par ce qu'il a appris par ailleurs. Elle n'est pas non plus l'âme du psychologue. L'un et l'autre concepts relèvent déjà d'une scission, d'un dualisme, d'une substantialisation, bref d'un ensemble d'actes théoriques qui précisément se spécifient sur le fond premier du vivre. Ce sont des constructions de la science, d'ailleurs toujours hypothétiques, constructions qui présupposent le vivre. Le philosophe doit retrouver l'expérience nue du vivre, la débarrasser de tous les oripeaux dont l'activité théorique millénaire de l'humanité l'a recouverte.

Un deuxième point mérite encore d'être souligné : les propriétés du vivre sont toutes liées entre elles, chacune engendre en quelque sorte de proche en proche toutes les autres et il faut se garder d'une présentation trop analytique : « notre méthode va consister à noter l'un après l'autre les attributs de notre vie en les ordonnant de telle façon que nous progressions des plus externes vers les plus internes, que nous nous resserrions depuis la périphérie du vivre sur son centre palpitant. Nous trouverons donc successivement une série de définitions de la vie dont chacune conserve et approfondisse les précédentes.[51] » Il s'agit de décrire une expérience qui est un tout, qui est une unique singularité et qui s'exprime comme telle. De fait je n'éprouve jamais ma vie comme étant ceci, et puis cela, et puis cela encore. Il faut donc retrouver cette intention unitaire, centrée si l'on peut dire, d'où découlent les différentes propriétés à décrire. Les catégories du vivre constituent un système en boucle, sans qu'on puisse établir la priorité de l'une sur les autres.

Qu'est-ce donc que *ma vie* ? Il suffit de revenir au point où nous avait laissés l'analyse critique menée précédemment. La vie est l'être indigent, elle est un être qui a à être. La vie est donc premièrement *ce que nous faisons et ce qui nous arrive*. Le sens essentiel de la vie est contenu dans le verbe « vivre », dans le mouvement, dans la tension de l'être qu'exprime le verbe. Comment pouvons-nous décréter ce premier caractère, cette inaugurale catégorie de la vie ? Grâce à la découverte,

---

50. *Œuvres*, II, 340.
51. *Œuvres*, I, 237-38.

tout simplement, que nous avons faite avec Descartes de la propriété essentielle du « je pense », qu'il faut intégrer à la réalité nouvelle qui s'est révélée à nous : penser quelque chose signifie que quelque chose m'apparaît à moi. De même vivre est inséparable de la conscience du vivre. Vivre c'est immédiatement s'apercevoir vivre, se rendre compte de soi. Le vivre existe pour soi-même. Le vivre, si l'on peut dire, se vit : « vivre est ce que nous faisons et ce qui nous arrive – depuis penser ou rêver ou nous mouvoir jusqu'à jouer à la Bourse ou gagner des batailles. Mais, bien entendu, rien de ce que nous faisons ne serait notre vie si nous ne nous en rendions pas compte. Tel est le premier attribut décisif que nous touchons : vivre est cette réalité étrange, unique, qui a le privilège d'exister pour soi-même. Tout vivre est se vivre, se sentir vivre, se savoir existant – où savoir n'implique pas une connaissance intellectuelle ni aucune sagesse spéciale ; il est cette surprenante présence que sa propre vie a pour chacun ; sans un tel se savoir, sans un tel se rendre compte, le mal de dents ne nous ferait pas mal.[52] » Vivre n'est pas simplement dérouler dans le temps une essence, dans l'inconscience absolue de ce qui se passe, vivre implique un retour sur soi, une vision de soi. On se voit vivre. La vie s'apparaît à elle-même. On comprend par là-même que la philosophie ne soit pas un corps étranger dans la vie. Car la vie est déjà examen de soi, attention à soi, savoir de soi. En un sens on ne peut éviter de philosopher. Et nous verrons que ce qui vaut pour l'existence individuelle vaut aussi *ipso facto* pour l'existence collective et historique. Le philosophe s'empare du problème de l'histoire, parce que l'existence collective, l'humanité vivante ne peut faire autrement que s'apercevoir vivre, ne peut éluder le retour sur soi, qu'Ortega compare au vol du faucon retournant au poing : « le moi est le faucon qui retourne toujours au poing – si le poing pouvait être un faucon – et il ne consiste en rien d'autre qu'en cette inflexion du vol jusqu'au-dedans de soi ; c'est l'oiseau qui, délaissant le firmament et l'espace, annule par son vol l'espace en se retirant en soi-même, en s'intériorisant en soi-même – aile qui pour un temps est son propre air ; un voler, dirions-nous, qui est annuler le voler, défaire le vol naturel »[53]. La parenté évidente de l'ortéguianisme avec les grandes philosophies de l'existence

52. *Œuvres*, I, 169.
53. *Œuvres*, I, 124.

(Jaspers, Sartre) ne doit pas nous faire oublier l'incontestable antériorité chronologique d'Ortega qui expose sa découverte fondamentale dès les *Méditations du Quichotte* [54], c'est-à-dire dès 1914.

C'est pourquoi il n'y a jamais à proprement parler d'inconscience, d'innocence absolue. On peut avoir des idées confuses. La conscience peut se troubler. Mais l'idée qu'une vie puisse s'ignorer est contradictoire dans les termes. Une vie inconsciente d'elle-même n'est plus une vie, elle n'est que l'existence, au sens scolastique, de la chose physique ou de l'animal. Les vieux patriciens du Sénat, Cicéron ou Pompée peuvent méconnaître, chacun d'ailleurs à sa façon, les vérités de l'heure, et donc mal estimer les nécessités de l'action, mais ils ne peuvent pas ne pas apercevoir leur vie comme étant à faire, ils ne peuvent pas ne pas savoir la chose problématique, douloureusement problématique, qu'est devenue la vie romaine, la vie de l'antique cité. Sinon précisément ils ne seraient plus aux affaires qu'ils font, aux décisions qu'ils prennent, aux magistratures qu'ils ambitionnent d'avoir, aux votes qu'ils prononcent ou qu'ils refusent.

La vie est donc ce que nous faisons et ce qui nous arrive mais dans le temps même où nous nous en rendons compte. Seulement nous ne devons pas oublier que le vivre ce n'est pas le moi seul, c'est l'unité du moi subjectif et du monde objectif. Quand le vivre s'apparaît à lui-même, il ne s'apparaît pas sous la forme d'un pur sujet, mais d'un sujet qui se trouve dans le monde : « notre vie ainsi n'est pas seulement notre personne ; notre monde en fait partie. Elle consiste – notre vie – en ce que la personne s'occupe des choses ou s'occupe avec elles et, évidemment, ce que notre vie sera dépend autant de ce que sera notre personne que de ce que sera notre monde. Des deux termes l'un ne nous est pas plus proche que l'autre : nous ne nous rendons pas compte d'abord de nous et ensuite de l'entour ; vivre est assurément, en sa racine propre, se trouver face au monde, avec le monde, au sein du monde, immergé dans ses affaires, dans ses problèmes, dans sa trame de hasards. [55] » Ce qui s'apparaît dans le vivre, c'est un moi en relation avec un monde. Là encore, il faut se débarrasser des

54. *Obras*, I, 309.
55. *Œuvres*, I, 171.

concepts seconds et hypothétiques de la science. Ce monde du philosophe n'est pas le monde du physicien. Il est ce qui est donné dans le vivre tel qu'il s'apparaît à lui-même : il est ce qui nous affecte. C'est parce que la vie se voit qu'elle voit par là même ce qui l'affecte, car ce qui l'affecte est au cœur même du vivre, détermine la vie, *est* substantiellement la vie. Le moi a à faire avec ce qui n'est pas lui parce que cela l'affecte. Tel est ce qu'Ortega appelle la *circonstance* : « l'homme, en se trouvant, ne se trouve pas en soi et par soi, indépendant et seul ; il se trouve tout au contraire toujours en autre chose, au-dedans d'une autre chose (qui à son tour se compose de bien d'autres choses). Il se trouve entouré par ce qui n'est pas lui, il se trouve dans un entour, dans une circon-stance, dans un paysage. Dans la langue vitale de notre vie la plus ordinaire nous avons l'habitude de donner à la circonstance le nom général de monde [...] Mais prenez garde à ne pas donner à ce mot de "monde" des significations savantes ; celle-ci seulement, la plus commune : le monde, c'est-à-dire tout ce qui est autour de moi, ce qui m'enveloppe de tous côtés.[56] »

Mais avant de décrire pour elle-même la circonstance, il faut encore s'arrêter à cette indissoluble liaison du vivre et du monde, dans sa première épreuve la plus brute, la plus soudaine. Là encore il faut se méfier de la pente spontanément analytique de notre entendement. Je ne découvre pas que je vis, et puis que cette vie se passe dans un monde. Je découvre au contraire que je suis projeté dans le monde sans aucun recours possible : « vivre n'est pas entrer de son plein gré dans un endroit préalablement choisi selon son goût, ainsi qu'on choisit un théâtre après dîner, mais c'est se trouver soudain, et sans savoir comment, tombé, immergé, projeté dans un monde que je ne puis échanger : celui-ci de maintenant. Notre vie commence par être cette continuelle surprise d'exister, sans assentiment préalable de notre part, naufragés dans un cercle où nous n'avons pas voulu être. Nous ne nous sommes pas donné la vie mais nous la trouvons, justement, en nous trouvant nous-mêmes.[57] » Vivre c'est immédiatement être confronté à tout cet entour d'étrangeté qui est *là*, qui n'est pas *ma vie*, mais au sein de quoi ma vie, nécessairement, doit se

56. *Œuvres*, I, 258.
57. *Œuvres*, I, 172.

faire. Il y a une dimension de fatalité, un destin irrécusable. C'est cette même expérience que Sartre – notons-le au passage – décrira dans l'idée de la contingence de l'existence humaine : « nous disions que la liberté n'est pas libre de ne pas être libre et qu'elle n'est pas libre de ne pas exister. C'est qu'en effet le fait de ne pas pouvoir ne pas être libre est la *facticité* de la liberté, et le fait de ne pas pouvoir ne pas exister est sa *contingence*. Contingence et facticité ne font qu'un : il y a un être que la liberté a à être sous forme du *n'être pas* (c'est-à-dire de la néantisation). Exister comme *le fait* de la liberté ou avoir à être un être au milieu du monde, c'est une seule et même chose et cela signifie que la liberté est originellement *rapport au donné*.[58] » C'est pourquoi ma vie est un problème. Ce n'est pas moi qui, considérant ma vie à loisir comme le ferait le théoricien, déclare son caractère problématique. Le problématique de la vie n'est pas une idée que j'ai de la vie. Non, la vie est consubstantiellement problématique. Elle se révèle à elle-même immédiatement comme problématique parce qu'elle a à se faire au sein d'un milieu, d'un entour qui lui est étranger, qui n'est pas elle, mais dont elle ne peut absolument pas s'abstraire. À nouveau, on saisit combien l'acte initial de la philosophie est harmonique avec le caractère le plus essentiel de la vie. C'est parce que la vie est problématique, c'est parce qu'elle se sait problématique qu'elle appelle inévitablement une activité comme la philosophie, une activité théorique qui fasse de la vie elle-même son objet propre.

Quel est donc ce monde autour de moi, qui n'est pas seulement alentour mais que je touche à chaque instant, avec lequel je me rencontre à chaque instant, en chaque point de ma vie ; quelle est cette réalité qui n'est pas moi, mais qui est indissolublement liée à moi, qui me pénètre sans se confondre avec moi ? Nouvelle découverte d'importance : ce monde n'est pas une chose, ni un ensemble de choses. La « chose », la *« res »* relève déjà d'une élaboration théorique seconde : c'est l'idée que le physicien présocratique projette sur le monde du vivre ; c'est l'outil que le métaphysicien cartésien, la retravaillant dans l'idée de la *res extensa*, utilise pour saisir le monde du vivre et percer son secret. Mais le monde est *pour moi* avant d'être théorisé. Il est le vécu avant d'être le connu.

58. Sartre, *L'Être et le Néant*, Paris, 1943, p. 567.

Pour cette expérience nue de la vie, le monde est un ensemble de *possibilités*. Il n'est pas la dure, l'inaltérable substance des vieux métaphysiciens, il n'est que des possibles, non pas ce qui est, mais ce qui peut être, ce qui peut être pour moi ceci ou cela. Telle est maintenant la dimension de liberté : « s'il ne nous est pas donné de choisir le monde dans lequel va se dérouler notre vie – et telle est sa dimension de fatalité – par contre nous nous trouvons avec une certaine marge, avec un horizon vital de possibilités – et telle est sa dimension de liberté ; une vie c'est donc la liberté dans la fatalité et la fatalité dans la liberté » [59]. Je ne suis pas encagé dans une cellule, immobile et condamné à subir tous les mouvements de l'extérieur, comme la planète doit subir à chaque instant la force actuelle de la gravitation sans pouvoir s'en abstraire le moins du monde. J'ai du jeu, j'ai une liberté de manœuvre. Jamais mieux nous ne saisissons qu'en ce point le sens de la révolution ontologique qu'il a fallu promouvoir. Je ne suis pas un être, j'ai à être. « Je », c'est-à-dire le moi, le composant subjectif du vivre. Pas davantage le monde, le composant objectif du vivre, n'est un être pour le philosophe. Il a, lui aussi, à être. Un avantage par exemple ou un obstacle, des commodités ou des incommodités ; bref il est un « répertoire indéterminé de facilités et de difficultés pour notre vie » [60]. La lumière peut m'être utile si je lis, elle peut aussi bien m'être désagréable si je dors. Le fleuve peut être un obstacle à mon déplacement ou au contraire un moyen de ce même déplacement, il peut encore être une réserve de nourritures succulentes, il pourra devenir le thème d'une spéculation religieuse et je verrai alors en lui une divinité. Pas davantage « je » n'est ceci ou cela : je me fais pêcheur au bord du fleuve ou je me fais le croyant qui y jette son offrande ou l'ingénieur qui en tire profit. La vie c'est à la fois moi qui ai à être ce pêcheur ou ce croyant, *et* ce fleuve qui a à être l'habitat des poissons ou une divinité.

Nous pouvons dérouler aisément désormais les autres propriétés du vivre, car elles sont toutes impliquées dans cette première description. Il suffit d'y regarder de près, d'être attentif : signalons l'importance de cette attention à la vie ; l'ortéguianisme comme le cartésianisme est une philosophie

---

59. *Œuvres*, I, 173.
60. *Œuvres*, II, 38.

de l'attention. Il suffit de laisser se manifester le vécu du vivre. Examinons attentivement ! Où est le principe qui décide de cet être-pêcheur *ou* de cet être-croyant du moi, qui décide corrélativement de cet être poissonneux *ou* de cet être divin du fleuve pour moi ? Il n'y a pas de mystère ou plutôt c'est le secret même de la vie qui se révèle à nous de lui-même. Ce principe est le choix : « ma vie actuelle, celle que je fais ou ce que je fais effectivement, je l'ai décidé, c'est-à-dire que ma vie, avant d'être un simple faire, est décider un faire, est décider ma vie. Notre vie se décide elle-même, elle s'anticipe. Elle ne nous est pas donnée toute faite [...]. Elle consiste au contraire à se décider, parce que vivre est se trouver dans un monde non pas hermétique mais offrant toujours des possibilités. Le monde vital se compose à chaque instant pour moi du pouvoir de faire ceci ou cela, non pas de la nécessité de faire par force ceci et ceci seulement.[61] » *La vie est choix*, vivre c'est choisir de faire ceci ou cela et ainsi d'être ceci ou cela et que ceci soit ou plutôt cela. La vie est élection de telle possibilité, puis de telle autre ; c'est le choix qui fait venir à l'être le possible. C'est le choix qui est, si l'on peut dire, le moteur ontologique ou le catalyseur ontologique transformant le possible, – l'à-être –, en être. Vivre est cette transformation même. Je n'« étais » qu'un pêcheur possible ou un géomètre possible, c'est-à-dire au sens propre que je n'étais pas. Faire de la géométrie, faire la campagne de pêche c'est me donner cet être du géomètre, du pêcheur. Et ce « me donner cet être » est exactement ce que j'appelle ma vie. Corrélativement le fleuve n'était qu'une possibilité de poissons, au sens propre il n'était rien de déterminé, il pouvait être tout autre chose que ce lieu amical et bénéfique. En y lançant mes filets, je lui ai donné l'être-poissonneux, je l'ai tiré du simple possible. Et cela c'est exactement ce que j'appelle vivre. Vivre c'est faire, faire c'est choisir, choisir c'est réaliser l'être. Notre vie est quelque chose qui est à faire, qui est à fabriquer. C'est notre vie qui est notre être : « l'homme trouve sa propre existence sans qu'il se la soit accordée ; au contraire elle lui est donnée – seulement cette existence qui lui est donnée, ne lui est pas donnée toute faite, il a à la faire par lui-même. En ce sens le *factum* de l'existence est en même temps un *faciendum*, le fait de vivre est en même

61. *Œuvres*, I, 187.

temps une tâche, c'est ce qu'il y a à faire.[62] » On comprend mieux le nouveau sens de l'être : si l'être c'est le vivre, cela signifie que cet être est ce qu'il va être, et donc ce qu'il n'est pas encore. Être, pour l'homme, c'est se donner l'être ; ce n'est pas, selon la vieille définition héritée des Grecs, ce qui continue à être ce qu'il était. Cet être statique, immobile, constant est la construction théorique dont ont besoin les sciences pour s'assurer du monde physique : c'est une idée, c'est une élaboration de la vie, dont la vie a besoin pour savoir à quoi s'en tenir. Mais ce n'est pas le vivre même : « à chaque fois que nous disons d'une chose « elle *est* ceci » ou « elle *est* cela », « elle *est* ainsi » ou « elle *est* autrement », nous avons délaissé la chose, la chose telle qu'elle se donne dans son action première sur nous et nous lui avons substitué une pensée, une interprétation. La chose par elle-même, selon son action première dans notre vie, n'est ni ceci ni cela, ni ainsi ni autrement : elle est, en somme, dépouillée de tout être.[63] »

En posant que le vivre est un être qui est ce qu'il va être, nous découvrons la dimension temporelle de l'existence humaine et le privilège incontestable du futur. La vie – nouvelle catégorie immédiatement impliquée par l'analyse précédente – est « futurition »[64]. On pouvait croire que le moment de la vie est le présent, le maintenant de mon action et que le passé ou le futur n'existaient qu'au sein de ce présent, à partir de ce présent. Mais c'était mal comprendre cette « tâche immense » (*Quehacer*[65]) qu'est le vivre : si je choisis telle possibilité c'est que je me projette en avant de moi-même, que j'anticipe à travers cette possibilité que j'élis l'être qui sera, et qu'en ce sens je « suis » déjà en avant de moi-même, dans le futur. À la lettre, mon présent n'est rien que mon choix, que le choix que je dois faire, et choisir c'est derechef me transporter vers le futur. Faire c'est avancer, c'est être en avant de soi. Ortega aime à prendre comme métaphore de la vie la scène suivante : « quelqu'un est transporté, endormi, dans les coulisses d'un théâtre et, là, d'une violente poussée qui le

---

62. *Œuvres*, II, 67.
63. *Œuvres*, I, 291. L'ensemble des leçons 7 à 10 des *Leçons de Métaphysique* va développer cette opposition entre l'être des choses et la réalité vitale, *Œuvres*, I, 289-318.
64. *Œuvres*, I, 175, 188 sq.
65. *Œuvres*, I, 254.

réveille, on le lance sur la scène, devant le public. Là, qu'est-ce que trouve ce personnage ? Car le voilà confronté à une situation difficile, sans savoir comment ni pourquoi, à une aventure ; le difficile de la situation consiste à résoudre de quelque manière convenable cette exposition au public qu'il n'a ni cherchée, ni préparée, ni prévue.[66] » Cela, « cette exposition au public », je ne l'ai pas décidé, mais à partir de cette fatalité première, c'est à moi de jouer, c'est à moi de faire quelque chose, de tenir compte évidemment de tout ce qui m'entoure, et particulièrement de ces centaines de regards fixés sur moi. J'ai des possibles, j'ai « du jeu », j'ai un jeu à jouer, fût-ce celui de fuir au plus vite. Par cette seule décision ce jeu sera le mien et je ne jouerai que la scène que j'écris moi-même. Déjà donc, dans cet instant initial, je me projette vers l'instant qui suit ; que vais-je faire ? Ce que je vais faire c'est ce qui suit le maintenant. Telle est la vie de l'homme. Le futur commande donc l'acte de la vie, il est le « Duc »[67], celui qui régit l'emploi des autres moments. Car c'est mon projet qui va me permettre de mobiliser le passé dont j'ai besoin et de l'actualiser en somme pour le moment de l'action, de la réalisation du futur, qu'est le présent. La vie est essentiellement projet, programme, scénario. Je suis le romancier de ma propre vie dont je ne cesse d'écrire l'argument. La psychologie ortéguienne est une psychologie des anticipations vitales : je suis un essaim de préférences et de dédains, passions « futuristes » si on peut dire, je suis appétits, désirs, attentes, espoirs, « illusions »[68]. C'est ce qui permet de comprendre cet axe central de toute vie qu'est la recherche. Si nous cherchons ce que nous cherchons, c'est que déjà cette réalité est dessinée en nous, en creux, et qu'elle nous appelle, qu'elle nous tire hors de notre présent vers le futur. Sur ce principe Ortega édifiera une compréhension de l'amour qui est en même temps l'exemple type où se manifeste cette propriété de la vie[69].

Nous pouvons enfin perfectionner et préciser notre formule initiale : ce faire qu'est la vie est s'occuper à quelque

---

66. *Œuvres*, I, 241.
67. *Œuvres*, I, 192.
68. *Ilusión*, en espagnol, a le double sens – positif – de l'espoir et – négatif – de l'illusion. Voir *Œuvres*, I, 182.
69. *Œuvres*, I, 191, sq. Voir aussi *Etudes sur l'amour*, *in Le Spectateur*, Paris, 1992, p. 151.

chose en vue de quelque chose. C'est *se préoccuper*. Faire en effet c'est toujours faire quelque chose, c'est s'occuper à quelque chose, c'est entrer en relation pratique, active avec tout ce qui m'entoure, avec les choses. Mais à travers toutes ces choses dont je m'occupe, ce que je fais *finalement*, la *finalité* de toutes mes actions, c'est ma vie elle-même : « la vie est préoccupation ; elle ne l'est pas seulement dans les moments difficiles, mais toujours, essentiellement. Elle n'est rien d'autre que cela : se préoccuper. À chaque instant nous devons décider ce que nous allons faire dans l'instant suivant, ce qui va occuper notre vie. C'est donc s'occuper par avance, c'est se préoccuper.[70] » Je roule une cigarette, je m'affaire avec le papier, le tabac, etc. mais ce que je fais, ce faisant, c'est ma vie de fumeur. Ce que je vise c'est de fumer ma cigarette. Je ne l'ai roulée, je ne l'ai faite que pour me faire « en train de goûter » ce plaisir très particulier : « quand ce que je fais est une cigarette, ce qui est fait n'est pas exactement la cigarette, mais mon action de la rouler – la cigarette par soi et indépendamment de mon activité n'a pas d'être premier, telle était l'erreur des Anciens. La cigarette est ce que j'entreprends de faire et lorsque j'en ai fini avec elle et qu'elle a cessé d'être le thème de mon action de la rouler, elle se transforme en un autre thème, elle est ce qu'il faut allumer, puis fumer. Son être véritable se réduit à ce qu'elle représente comme thème de mon occupation. Elle n'est pas par soi, subsistante – *chôriston* – indépendamment du fait que je la vis, que j'agis avec elle. Son être est fonctionnel : sa fonction dans ma vie est un *être pour*, pour que j'en fasse ceci ou cela.[71] » On s'occupe donc toujours de quelque chose, mais en vue d'autre chose, en vue de sa vie elle-même. César en Gaule est en train de faire sa vie d'*imperator*, pas seulement la guerre aux Bituriges ou aux Arvernes. Cette visée première, cette considération originelle d'une finalité, Ortega l'exprime dans l'idée de pré-occupation. Avant de m'occuper à ceci ou à cela, je m'occupe... de ce que sera ma vie. La vie est préoccupation. J'ai envisagé la fin avant de la faire, de la réaliser.

Ainsi de cette occupation singulière qu'est l'occupation théorique. Apparemment quand je fais de la théorie je me désoccupe des choses, de vivre, d'agir, je me désintéresse de ce

70. *Œuvres*, I, 194.
71. *Œuvres*, I, 185.

qui intéresse immédiatement la vie, de ce qui l'affecte, de sa dimension pathologique dirait Kant. Mais c'est en vérité que je me préoccupe de ce qu'elle a de fondamentalement problématique, de cette désorientation essentielle qu'elle se trouve provoquer en moi : « la situation de l'homme est toujours désorientation. Dire « désorientation » revient à dire « se sentir perdu ». L'homme se sent perdu, non pas par moments, certaines fois, mais toujours, ou ce qui revient au même la substance de l'homme consiste à se sentir perdu.[72] » C'est parce que la lumière n'est pas toujours ce que j'attends qu'elle soit pour moi, c'est parce qu'elle me fait défaut dans mon intention pragmatique que – me faisant alors physicien – je vais chercher l'être de la lumière, ce qu'elle est toujours, ce qu'elle est telle qu'elle ne peut que continuer à l'être, une onde électromagnétique dont je serais alors totalement maître et possesseur. Si j'ai décidé de me faire théoricien, c'est donc en somme que ma vie me le réclame, qu'entre les possibilités de la perte, du naufrage radical ou du salut, j'ai choisi le salut. Par là même se trouve justifiée cette mission vitale que remplit pour l'homme la connaissance théorique et la philosophie. L'intelligence n'est pas un luxe gratuit dont la vie pourrait se passer. Quand elle s'en passe elle vit beaucoup moins bien. Il y a des temps moins heureux que d'autres.

Nous sommes aux portes d'une nouvelle découverte, qui doit dégager une nouvelle strate de la recherche philosophique : ma vie c'est la relation que j'ai avec ce monde. Quand je me préoccupe de ma vie pour la faire je m'occupe du monde où je la ferai. Cet ensemble de choses qui sont autour de moi qu'Ortega appelle pour cette raison ma circonstance constitue le nœud de la liberté et de la nécessité. Je suis libre dans un cadre de nécessités ; le répertoire des possibilités de vie n'est pas indéfini. Il est exactement circonscrit, déterminé par le cosmos physique, et c'est pourquoi je dois le connaître. Il est tout aussi déterminé par le monde humain, par l'histoire et c'est ce que je dois essayer de comprendre. Chaque temps définit un répertoire de possibilités : être géomètre est une possibilité vitale au temps d'Euclide. Elle ne l'était pas au temps d'Homère. À la fatalité cosmique répond la fatalité historique. Mais cette fatalité n'est pas déterminante absolument,

72. *Œuvres*, I, 233.

comme l'est celle de l'ordre cosmique : elle est le matériau de ma liberté : « notre temps est notre destin. Le présent dans lequel se résume et se condense le passé – passé individuel et passé historique – est donc la part de fatalité intervenant dans notre vie ; cette dernière, en ce sens, a toujours une dimension fatale et pour cette raison elle est un piège dans lequel on est tombé. À cette réserve près que le piège n'étrangle pas ; il laisse une marge de décision à la vie et permet toujours qu'à partir de la situation imposée, du destin, nous trouvions une solution élégante et nous nous forgions une belle vie. [73] »

Tel est maintenant le programme du philosophe : comprendre ce qu'est la circonstance historique, comprendre l'histoire, et pour cela comprendre ce mode que revêt inévitablement l'existence historique pour l'homme, pour chacun de nous, à savoir l'existence sociale. Qu'est-ce que vivre avec les autres dans le temps ? Qu'est-ce que faire le futur avec les autres ? La recherche métaphysique que nous venons de résumer montre la voie et indique la méthode : c'est en partant toujours du choix qu'est la vie parmi les possibles qu'elle rencontre, c'est en revenant à cette décision prise d'un futur à faire, d'une finalité à réaliser parce qu'elle est désirable, que nous pourrons comprendre. Mais nous ne sommes plus seuls ! Nous sommes avec les autres, tous les autres, Cicéron et Pompée et les légions et le Sénat et Cléopâtre. *Hic saltus !*

73. *Œuvres*, I, 193.

III
La société, la politique, l'histoire

La réflexion d'Ortega sur la société, la politique et l'histoire est la partie la plus célèbre de son œuvre. Ce qui ne signifie pas qu'elle soit la mieux connue. Quand le philosophe s'efforce de comprendre le présent pour s'y orienter, quand il se risque à se prononcer sur son temps, il s'expose à tous les malentendus. D'abord parce qu'il se heurte à ce que chacun croit savoir spontanément du seul fait qu'il vit dans ce temps ; ensuite, parce que dans ce qui relève des affaires publiques, les hommes considèrent les idées comme des armes avec lesquelles défendre leurs passions plutôt que comme des instruments d'analyse de la réalité. Le monde humain n'est-il pas toujours et *déjà* pris dans des interprétations idéologiques rivales, les hommes ne sont-ils pas plus préoccupées de rechercher des soutiens que d'écouter une parole libre ? C'est ainsi, par exemple, qu'il est d'usage de se demander si une analyse politique est de droite ou de gauche (« deux façons d'être hémiplégique », disait Ortega) avant d'examiner ce qu'elle permet de comprendre. La philosophie, surtout si elle a l'imprudence de s'exprimer dans un vocabulaire exotérique, est alors sollicitée pour cautionner les préjugés et les partis pris d'un camp ou de l'autre, d'un camp *et* de l'autre, c'est-à-dire cela même dont elle essayait de s'extraire. Rien n'est plus étranger à Ortega que l'idée d'*engagement*, si l'on entend par là le fait de se ranger derrière une bannière et de mettre sa plume au service d'une cause politique. L'idée qu'il se fait du rôle de l'intellectuel, mais aussi l'idée qu'il se fait de l'action publique, y répugnent d'ailleurs absolument, car pour lui ce sont toujours des *individualités* et non des groupes rassemblés autour d'idéologies, qui exercent un rôle décisif dans l'histoire. *La Révolte des masses* [1], son texte le plus célèbre, ne dit pas autre chose. C'est pourquoi nous commencerons par lui pour aborder la pensée politique et sociale d'Ortega en marquant les contresens dont il faut se garder. Par le même mouvement nous rencontrerons une première fois, de façon synthétique et en acte, les principaux concepts de la pensée ortéguienne de la pratique avant d'en examiner les fondements plus en détail.

I – Élites et masses : l'absence des meilleurs

La réflexion politique du philosophe madrilène avait tout pour déplaire, quand elle fut publiée ou professée, par la façon dont elle prenait à contre-pied les passions et les idéologies du moment (communisme, fascisme, régionalisme, notamment), par le peu de cas qu'elle faisait des bigoteries *(beaterías)* du jour. Aussi a-t-elle été souvent qualifiée d'*ambiguë* par tous ceux qui ne pouvaient s'en réclamer. Elle est au contraire de la plus grande clarté pour qui veut bien lire les textes au lieu d'y projeter ses fantasmes. Ortega soutient, dans *La Révolte des masses*, une interprétation *aristocratique* de la vie politique et sociale. Et il vaudrait mieux écrire de la vie sociale et politique, car la politique n'occupe pas l'avant-scène, il s'en faut. Pour lui, le rôle des minorités, des minorités *d'individus* très exactement, est déterminant non seulement dans les grandes entreprises humaines et donc dans le mouvement de la civilisation, mais, plus fondamentalement encore, dans la simple structuration du corps social. Que ces minorités, pour différentes raisons, en viennent à cesser d'exercer une fonction d'exemplarité, et le corps social se délite au risque de toutes les

---

1. *La Rebelión de las masas* a été traduit en français par Louis Parrot (éditions Stock) en 1937 avec un prologue de l'auteur. L'ouvrage a été ensuite repris par Gallimard (collection « Idées »). Il est désormais épuisé. Nous citons d'après les *Obras completas*, (*Obras*, IV). Nous avons retraduit toutes les citations. Pour mémoire, une partie de cet ouvrage a été publiée d'abord, à partir de 1927, dans le journal madrilène *El Sol*. La première édition espagnole est de 1930.

régressions. Parmi celles-ci, l'une mérite d'être signalée (Ortega écrit dans les années vingt) : la montée des autoritarismes, l'étatisation de la vie sociale (il nomme explicitement le bolchevisme et le fascisme), le refus du dialogue des raisons en politique, le recours à la force comme *prima* et *ultima ratio*, bref, ce qu'il appelle « l'action directe » des masses dans la vie publique[2]. Il note, en s'appuyant sur une large culture historique, que lorsque les masses interviennent directement dans la vie publique, elles ne peuvent le faire que de manière violente : elles ne « discutent pas » (en témoigne leur hostilité au parlementarisme), elles ne *composent* pas avec autrui, elles *imposent* leur loi : « l'étatisme est la forme supérieure que prennent la violence et l'action directe constituées en normes. À travers et par le moyen de l'État, machine anonyme, les masses agissent par elles-mêmes.[3] » Aussi réaffirme-t-il de façon presque pathétique la supériorité indépassable du libéralisme politique : « la forme qui a représenté en politique la plus haute volonté de coexistence est la démocratie libérale [...]. Le libéralisme, il convient de se souvenir de cela, est la suprême générosité ; c'est le droit que la majorité accorde aux minorités et par conséquent le plus noble cri qui ait résonné sur la planète.[4] » Toute réforme qui prétend dépasser le libéralisme sans le conserver ne peut donc être qu'un reflux de la civilisation. Le fascisme et le communisme sont jugés et renvoyés dos à dos à une époque où nombre de beaux esprits voyaient dans le second l'antidote du premier.

Quant à l'ouvrage de 1921, *Espagne invertébrée*, (qui anticipe bien des analyses de *La Révolte des masses*), il remet en perspective sans indulgence les exaltations régionalistes basque et catalane. Ortega voit, en effet, dans les mouvements séparatistes espagnols, non pas l'expression de la montée en puissance des régions périphériques (il y aurait tout lieu de s'en réjouir, si tel était le cas) mais la consécration et l'achèvement d'un processus de décomposition dont la vérité historique tient à l'impuissance du centre, à son incapacité à rassembler les peuples d'Espagne, depuis près de cinq siècles, autour d'un « programme de vie » transcendant les particularismes étriqués. Cette défaillance du centre s'explique, selon

2. *Obras*, IV, 191.
3. *Obras*, IV, 227.
4. *Obras*, IV, 191-192.

lui, par l'histoire même de l'Espagne qui, à la différence de la France, n'a été structurée à aucun moment par la verticalité féodale : « en Espagne, ce qui a été fait a été fait par le peuple et ce qui n'a pas été fait par le peuple n'a pas été fait du tout »[5]. On peut discuter ces analyses sévères. Reste que ce qu'elles annonçaient, et d'abord l'affirmation violente des spécificités régionales, n'a été que trop confirmé depuis, au moins en ce qui concerne le Pays basque.

L'opposition que trace Ortega entre deux types d'hommes, l'homme d'élite et l'homme-masse, relève avant toute chose d'une *typologie psychologique et morale*. À d'autres moments de son argumentation elle revêt une signification plus directement sociologique : la masse, c'est alors le nombre, l'ensemble indifférencié des hommes-masses. Mais il est parfaitement clair, en tout cas, que ces notions ne désignent pas des classes sociales : « la division de la société en masses et minorités d'excellence n'est pas [...] une division en classes sociales mais en classes d'hommes et ne peut donc coïncider avec une hiérarchisation en classes supérieures et inférieures »[6]. L'homme-masse n'est pas davantage le peuple, ou la classe ouvrière, que l'élite n'est la bourgeoisie ou la noblesse. C'est plutôt « l'homme sans qualités », pour parler comme Musil ; c'est plus encore celui dont la vie est sans projet de dépassement de soi, sans règle transcendante qui lui impose une direction et une forme. L'homme-masse, rejeton tardif du développement de la société industrielle et du libéralisme du XIXe siècle, est une sorte de consommateur de la civilisation qui le porte. Il ne la crée pas ; il ne la comprend pas ; elle lui semble aussi naturelle que l'air qu'il respire et il ne se sent donc aucun devoir envers elle, pas même celui de la conserver : « la perfection avec laquelle le XIXe siècle a donné une organisation à certains ordres de la vie est la cause même qui fait que les masses qui en bénéficient ne la considèrent pas comme une organisation mais comme la nature. Ainsi se définit et s'explique l'état d'esprit absurde que révèlent ces masses : rien ne les préoccupe que leur bien-être et, en même temps, elles ne se sentent pas solidaires des causes de ce bien-être. Comme elles ne voient pas, dans les avantages de la civilisation, une invention et une construction prodigieuses qui peut se soutenir seulement avec

5. *Obras*, III, 109.
6. *Obras*, IV, 146.

de la prudence et de grands efforts, elles croient que leur rôle se réduit à les exiger de façon péremptoire, comme si c'étaient des droits de naissance.[7] » On le voit, le passage du singulier au pluriel, de l'homme-masse aux masses, d'une typologie morale à une sociologie politique, est légitime dès lors que *les masses* ne sont définies par aucun autre critère que celui des *comportements* de *l'homme-masse*. Ortega fut l'un des premiers intellectuels européens à comprendre la nature profonde des mouvements politiques qui ont suivi la guerre de 1914. C'est parce qu'ils étaient le fait d'hommes-masse (« le fascisme est un mouvement typique d'hommes-masse », écrit-il à propos de l'Italie de Mussolini[8]), d'hommes étrangers aux principes mêmes de la civilisation, que leur caractère est proprement « barbare ». Hannah Arendt ne s'est d'ailleurs pas trompée sur l'intérêt de la notion ortéguienne d'homme-masse, quand elle s'est interrogée, au sortir de la guerre de 1945, sur la genèse des régimes totalitaires[9]. Le concept a fait depuis son chemin dans les travaux de la sociologie politique et de l'histoire.

Faut-il préciser que si Ortega se pose en adversaire décidé des régimes autoritaires, il n'a pas davantage la nostalgie d'une société d'ordres, d'une féodalité idéalisée, dont il rêverait le retour ? Bien mieux, la psychologie de l'homme-masse, de « l'enfant gâté » comme il l'appelle parfois, est décrite comme étant justement celle de l'héritier dans l'Ancien régime[10]. D'une façon générale, nul ne saurait être plus ironique que lui sur les séductions de « l'archaïsme » en politique : tous les rêves de « restauration » sont absurdes, ce qui a été abandonné par l'histoire est historiquement mort. Et le « primitivisme » en matière politique se reconnaît justement à sa pauvreté intellectuelle, à ce qu'il ne sait jamais inventer que ce qui a déjà eu lieu. Quand Ortega évoque « l'indocilité des masses », ce n'est pas pour en appeler à un pouvoir fort, quelle que soit sa forme, qui vienne mettre au pas une classe sociale turbulente mais pour s'inquiéter de l'absence d'un *« pouvoir spirituel »*[11] susceptible

---

7. *Obras*, IV, 179.
8. *Obras*, IV 226.
9. Voir *Le Système totalitaire*, trad. fr., Seuil, 1972, (chap. I « Une société sans classe »). Elle cite Ortega dans sa bibliographie.
10. *Obras*, IV 208-209.
11. *Obras*, IV 233.

de rallier les peuples d'Europe autour d'un projet politique de grande envergure qui leur permette de dépasser leurs tentations nationalistes. Car c'est cela, pour lui, la vraie question, celle de « l'absence des meilleurs », comme il le notait déjà, à propos de son pays, dans *Espagne invertébrée*. La montée des masses, il le dit et le répète, n'est pas un phénomène négatif en soi – tout au contraire – car il manifeste une « montée du niveau historique » et un « accroissement de la vie » [12] sans précédent. Ce qui est préoccupant, c'est la défaillance historique de la haute culture européenne face aux exigences nouvelles de notre temps. Le manque dont souffre l'Europe, c'est un *manque de sens*. D'où la puérile agitation de l'homme-masse : il mène une vie sans direction, une vie insensée. Il n'y a pas même lieu de lui en faire reproche car il n'a pas historiquement vocation à donner des fins au corps social. La masse, c'est dans sa définition même, est amorphe. Que l'esprit manque à lui donner forme et elle retourne au chaos. Aussi est-il à craindre qu'elle ne détruise les fondements mêmes de la civilisation si elle est abandonnée à son inertie, à son entropie.

Les notions d'élite et de masse ne doivent pas être interprétées de façon métaphorique jusqu'à prétendre voir dans Ortega une sorte de Nietzsche espagnol. Ortega avait lu Nietzsche, « le moustachu » comme il l'appelle ; il le cite à l'occasion, mais, chose remarquable, jamais pour étayer un argument relatif à la nature des phénomènes historiques et politiques. « L'homme d'excellence » ortéguien n'a aucun rapport avec le surhomme nietzschéen. Les problématiques ne sont pas les mêmes. La notion d'élite chez Ortega est d'origine empirique, elle est sociologique et morale, alors que le surhomme de Nietzsche est un idéal, une fiction philosophique. De plus, Ortega n'en appelle à aucun « renversement des valeurs » au crépuscule d'une histoire décadente pour la simple raison qu'il ne croit pas plus à la décadence qu'au caractère inéluctable du progrès : il accable des mêmes sarcasmes le pessimisme de Spengler et l'optimisme de M. Homais. Sa philosophie de l'histoire – qu'il vaudrait mieux appeler, nous le verrons plus loin, une philosophie de l'historicité – s'interdit toute interprétation linéaire de notre destin, que ce soit dans le sens ascendant (il se sépare fortement de

12. *Obras*, IV, 149-169.

Hegel) ou dans le sens décadent. L'ère des masses n'est pour lui ni un minimum ni un maximum de la civilisation. C'est une situation objective, une « circonstance » dans son vocabulaire, dont la signification reste ouverte : « aujourd'hui, tout nous semble possible et le pire aussi bien ; la régression, la barbarie, la décadence » [13]. Pourtant, Ortega le souligne très fortement, ce qui caractérise notre époque c'est d'abord un sentiment de plénitude vitale, de potentialités sans précédent, tout le contraire, *a priori*, de l'épuisement, du rétrécissement qui accompagnent généralement les périodes de reflux de l'histoire [14]. La meilleure preuve, c'est que quand on demande aujourd'hui à un homme à quelle période il aurait aimé vivre, il est bien rare qu'il marque sa préférence pour un autre temps que pour notre présent. Toutes les autres vies lui paraissent étriquées, contraintes, bornées. Ce ne fut pas toujours le cas dans l'histoire, où le fait de situer ou d'imaginer l'âge d'or dans un passé plus ou moins éloigné, montre que le présent y a été souvent conçu sur un mode déchu. Pour nous, au contraire, l'âge d'or semble à portée de main, c'est un futur immédiat vers lequel nous nous précipitons. Au fond, nous dit Ortega, la notion de décadence est des plus embrouillées malgré ses prétentions à la rigueur conceptuelle, car tous les éléments d'une société ne se développent pas et ne meurent pas dans la même durée. C'est pourquoi le sentiment d'une époque sur elle-même, la tonalité de sa conscience de soi, n'est peut-être pas un si mauvais indicateur. Quoi qu'il en soit, en ce qui concerne l'Europe – et bientôt le monde – de l'homme-masse, la chute n'est pas exclue, mais elle est n'est pas écrite.

Que les analyses prospectives du philosophe madrilène aient été tenues en suspicion par l'intelligentsia, en France en particulier, n'est pas fait pour surprendre. On se souvient encore des temps de terrorisme intellectuel, pas si lointains, où tout critique déclaré du régime soviétique, (Raymond Aron par exemple), était qualifié de fasciste. Que pouvait-on penser, dès lors, d'un philosophe qui refusait l'idée que les masses jouent un rôle déterminant dans le cours de l'histoire ; qui affirmait qu'elles n'ont pas de vocation messianique ; qui soutenait que le rôle de l'intelligence n'est pas d'emboîter le

13. *Obras*, IV 168.
14. *Obras*, IV 159.

pas à ce qui ne va nulle part ? Mais il y a plus. Et Ortega lui-même donne les raisons de l'incompréhension qui allait accueillir ses propos : l'hermétisme intellectuel, la surdité à la parole d'autrui ne sont-ils pas le propre de l'homme-masse, du « petit monsieur satisfait » *(el señorito satisfecho)* qui n'a rien à apprendre de personne ? La plus haute détresse de notre temps est justement que l'homme-masse est désormais partout, et même là où on l'attendrait le moins. Même chez ceux dont la mission est l'intelligence et qui se font gloire désormais des limites de leur spécialité – mais ne s'en autorisent pas moins à porter les jugements les plus péremptoires sur tout ce qu'ils ignorent : « je sais que beaucoup de ceux qui me lisent, écrit Ortega, ne pensent pas comme moi. Mais ceci aussi est tout à fait naturel et confirme le théorème. Puisque, quand bien même mon opinion se trouverait être erronée en définitive, il resterait que la plupart de ces lecteurs en désaccord avec moi n'ont pas réfléchi cinq minutes à une question aussi complexe. Comment iraient-ils penser la même chose que moi ? En se croyant le droit d'avoir une opinion sur le sujet sans un effort préliminaire pour l'établir, ils manifestent de façon exemplaire leur permanence dans cette façon absurde d'être homme que j'ai appelé “masse rebelle”. [15] » Einstein est ainsi donné en exemple de cette frivolité inculte qui s'autorise à avoir des « opinions » sur ce dont elle ne sait rien : « il y a quelques jours, Albert Einstein s'est cru avoir “le droit” d'opiner sur la guerre civile espagnole et de prendre position sur elle. Albert Einstein est d'une ignorance absolue sur ce qui se passe en Espagne aujourd'hui, sur ce qui s'y passait il y a des siècles, sur ce qui s'y est jamais passé. L'esprit qui le conduit à cette intervention insolente est le même qui, depuis longtemps, est la cause de la perte de prestige universelle de l'intellectuel, ce qui fait que le monde va à la dérive faute de *pouvoir spirituel.* [16] »

---

15. *Obras*, IV 186.

16. *Épilogue pour les Anglais*, *Obras*, IV, 307. Ortega, qui professait la plus haute considération pour Einstein comme physicien, a marqué à plusieurs reprises dans son œuvre sa consternation devant l'inculture du grand homme.

II – La théorie du social

La réflexion d'Ortega sur la société et l'histoire ne se réduit pas à cet essai sur la crise européenne. La célébrité de ce texte a même eu à bien des égards un effet écrasant sur son auteur : en lui conférant une réputation d'essayiste prophétique, elle le rapprochait davantage, dans l'esprit de ses lecteurs, des grands écrivains de la première moitié du siècle (Valéry, Duhamel, Thomas Mann... [17]), plus inspirés que méthodiques dans leurs réflexions sur le monde contemporain. Husserl, mieux protégé du malentendu par son style, serait pourtant un meilleur point de comparaison [18]. La lecture de l'ensemble de l'œuvre d'Ortega permet de resituer ce texte dans une plus juste perspective : il n'est pas la manifestation fortuite d'un talent divinatoire admirable, mais l'application à une question d'actualité d'une philosophie très structurée de la réalité sociale. Philosophie d'autant plus nécessaire, selon Ortega, et la chose ne laisse pas d'être surprenante, que la pensée du social souffre d'une inconsistance théorique consternante. C'est ainsi que la vie publique et intellectuelle est agitée de façon frénétique par des débats complexe sur l'État, la nation, la loi, etc., alors qu'il n'existe nulle part, pas même dans la sociologie de Comte ou de Durkheim, de réponse à la question de savoir ce qu'est exactement un fait social : « les livres de sociologie ne nous disent rien de clair sur ce qu'est le social, sur ce qu'est la société [19]. La théorie ortéguienne du social est présentée sous sa forme la plus développée dans *L'homme et les gens*, ouvrage inachevé dont la substance correspond à des cours professés entre 1939 et 1949 à Buenos-Aires puis à Madrid. Les premiers chapitres rappellent ce que le lecteur doit savoir de la philosophie d'Ortega sur les notions de « réalité radicale » (la vie, la vie de chacun d'entre nous) et de « circonstance » (voir *supra*, chap. II) avant d'aborder la question de la découverte d'autrui.

---

17. Voir notamment Valéry, *Variétés* et *Regard sur le monde actuel* ; Th. Mann, *Considérations d'un apolitique* ; Duhamel, *La Possession du monde*, *Scènes de la vie future*.
18. Husserl, *La Crise de l'humanité européenne et la philosophie* (1935), trad. fr. Nathalie Depraz, Hatier, 1992.
19. *Obras*, VII, 80.

A – La découverte d'autrui

La réalité radicale que je suis, rencontre, dans ce qui l'entoure, quelque chose qui n'est pas une chose comme les autres, qui est un *quelqu'un*. Son comportement, sa gestuelle, m'invitent, en effet, à la supposer dotée d'une intimité, d'une intériorité analogue à la mienne. Autrui ne se présente pas à moi comme un corps proprement dit mais plutôt comme une *chair*, comme un corps doué *d'expressivité*. Nous faisons l'expérience la plus banale, mais aussi la plus forte, de cette intériorité de l'autre dans la rencontre de son regard. Alors que toute chose est saisie par notre regard, nous découvrons que nous sommes à notre tour saisi par un regard. D'où une inquiétude que le philosophe nous fait comprendre intuitivement à partir d'une remarque de Nietzsche : « nous nous sentons tranquilles et à l'aise dans la pure nature parce que la nature n'a pas d'opinion sur nous » [20]. De fait, autrui se caractérise – ce qui nous est insupportable à bien des égards – par le fait qu'il pense ou qu'il peut penser quelque chose de nous. En ce sens, il est toujours menaçant. Il faut préciser néanmoins que cet autre n'est pas une réalité radicale au même titre que moi-même. C'est une réalité présumée, une « interprétation » [21]. Mon action sur cette réalité particulière se différencie de mon action sur la nature en ce qu'elle a pour effet de produire une réaction de l'autre, ou plus exactement une *réponse*, qui va me faire entrer dans une relation de réciprocité avec lui. La réciprocité, le fait de compter l'un avec l'autre, de *co(r)-respondre*, est le premier fait qu'on puisse qualifier de social [22]. Bien mieux, car il faut mettre les différents moments de notre expérience dans le bon ordre : « le monde humain précède dans notre vie le monde animal, végétal ou minéral » [23]. Nous naissons dans un monde humain et notre première rencontre avec l'altérité, avec l'autre que nous, est celle de l'altérité humaine et non celle du monde physique. La conscience de cette altérité, à son tour, est antérieure à la conscience de soi. Ce qui signifie que l'homme est « *a nativitate* ouvert à l'autre, à l'*alter* qui n'est pas lui ; il est *a nativitate*,

---

20. *Obras*, VII, 137.
21. *Obras*, VII, 143.
22. *Obras*, VII, 148.
23. *Obras*, VII, 149.

qu'il le veuille ou non, que cela lui plaise ou non, *altruiste* »[24]. L'expérience de l'autre n'est donc pas exactement une relation sociale mais plutôt la condition de possibilité de toutes les relations sociales concrètes. C'est une aptitude à la « socialité », au fait de compter avec l'autre, qu'il s'agisse de se sacrifier pour lui ou de l'assassiner, comme le dit plaisamment Ortega[25].

Cette ouverture originaire à l'autre est à l'origine de la constitution d'un monde commun. Dans le commerce de la réciprocité, je montre une chose, l'autre me la donne : celle-ci s'objective donc, elle cesse d'être un simple prolongement de nos subjectivités respectives. D'où le paradoxe que souligne Ortega : « ce n'est pas le monde unique et objectif qui nous permet de coexister avec les autres hommes ; c'est au contraire ma sociabilité ou ma relation avec les autres qui rend possible l'apparition entre eux et moi de quelque chose comme un monde commun et objectif »[26]. Ce qui nous est commun nous inscrit dans une « nostrité » *(nostridad)* qui peut se développer et s'enrichir jusqu'à devenir une « proximité » – l'autre, alors, devient un « toi ». Mais le *toi*, notons-le, apparaît à partir du *nous*, et non l'inverse. Mieux encore, le *moi* unique que chacun se sent être ne trouvera une détermination concrète, un contenu, que par la médiation de la pluralité des *« toi »* : « dans ce choc et cette lutte avec les "toi", je découvre mes limites et ma figure concrète d'homme, de *moi* ; un moi m'apparaît progressivement et lentement tout au long de ma vie »[27]. Ainsi, par exemple, ton talent mathématique m'apprend que j'en suis dépourvu ; ta ferme volonté me fait comprendre que je suis un faible. Et, réciproquement, tes défauts font éclater à tes propres yeux mes dons.

Cette thèse de la découverte d'autrui est originale en ce qu'elle renverse les termes de la classique analyse phénoménologique de Husserl qui ramène autrui, *in fine*, à n'être qu'une transposition analogique du sujet. Ortega distingue

---

24. *Obras*, VII, 15O.

25. *Ibid.* La notation est à rapprocher et à distinguer de « l'insociable sociabilité » de l'homme évoquée par Kant (*Idée d'une histoire universelle au point de vue cosmopolitique*, *in Opuscules sur l'histoire*, trad. S. Piobetta, Quatrième proposition, GF, 1990, p. 74). Cette disposition, nous dit Kant, appartient à la nature humaine. Chez Ortega, elle comporte la même ambivalence mais semble constituée par une expérience originaire.

26. *Obras*, VII, 151.

27. *Obras*, VII, 196.

minutieusement sa position de celle du philosophe allemand[28]. Elle se résume finalement à ceci qu'il y a bien pour Ortega une expérience originelle et immédiate de l'autre comme autre. Et il en donne la meilleure preuve par un détour inattendu. Comment puis-je « me mettre imaginairement à la place de l'autre corps », y introduire la conscience que je ne peux constater, dans le cas où ce corps, justement, n'est pas analogue au mien – quand l'autre n'est pas *un* autre, mais *une* autre ? Et c'est pourquoi Ortega insiste sur le fait qu'autrui n'est pas tant un corps que des gestes, une expressivité, qui manifestent immédiatement une « intimité ». En d'autres termes, l'expérience d'autrui est une expérience sexuée. Je n'ai pas commerce avec l'autre, en général, mais avec un homme ou une femme. Et ce n'est pas exactement de l'apparence de son corps que je *déduis* qu'autrui est une femme, c'est la totalité de l'être qui est devant moi qui se présente comme féminin. La phénoménologie husserlienne pèche par abstraction : en introduisant l'idée de corps, elle théorise déjà et ne s'en tient pas, contrairement à ses engagements méthodologiques, à la description des choses mêmes.

B – Les faits sociaux

Comment passe-t-on de la relation intersubjective à la société ? Justement, et c'est ce qui justifiait le détour par les analyses qui précèdent, à la différence de ce qu'imagine Durkheim, de la première à la seconde il y a solution de continuité. C'est ainsi que la relation amoureuse ou amicale n'est pas une relation sociale à proprement parler car le social est d'un autre ordre que l'interindividuel. Ce qui symbolise le mieux le social, c'est peut-être la gesticulation mécanique du policier qui règle la circulation : le social se manifeste à nous dans toute sa force dans l'expérience de la *contrainte impersonnelle*. D'où cette conséquence surprenante au premier abord : le social est inhumain. Ou plus exactement : « la société est quelque chose d'humain mais c'est l'humain sans l'homme, l'humain sans l'esprit, l'humain sans âme, l'humain déshumanisé »[29]. C'est donc à juste titre, estime Ortega, qu'on parle de « monde social ». Car le monde social a plus

---

28. *Obras*, VII, 160 sqq.
29. *Obras*, VII, 199.

d'un trait commun avec le « monde physique » et d'abord celui-ci : l'un et l'autre exercent une *pression* sur notre existence. La pression sociale, cependant, n'est pas toujours aussi patente que la pression physique car elle n'est pas le fait des choses mais celui d'usages et de coutumes que nous avons largement intériorisés. Il ne faut pas passer trop vite sur l'idée que le social est de l'humain pétrifié, qu'il ne contient rien de vivant. La notation est intempestive. Elle prend à revers aussi bien le sociologisme de Durkheim que l'*Esprit positif* de Hegel et des philosophes romantiques allemands. Pour Ortega, il n'y a ni âme ni esprit collectif, ni *Volksgeist* ni esprit national, pour la bonne raison que le collectif est ce qui n'a pas d'âme [30]. La « réalité radicale », c'est la vie individuelle. Ce qui ne signifie pas qu'elle soit la seule. Mais toutes les autres « réalités », y compris la vie sociale, sont secondaires par rapport à elle.

Confondre vie personnelle et vie sociale c'est s'exposer à l'inauthenticité du « on » [31]. La société ne pense pas, elle n'a pas d'idées mais des croyances (nous reviendrons sur ce terme). C'est seulement dans la solitude et le recueillement *(ensimismamiento)* que l'individu peut se déprendre de la dimension proprement aliénante de la vie sociale : « dans la mesure où je parle et je pense en répétant ce qui se dit et ce qui se pense, ma vie cesse d'être mienne, je cesse d'être le personnage très individuel que je suis et j'agis pour le compte de la société : je suis un automate social, je suis socialisé » [32]. Bien mieux, et le terme d'*inauthenticité* nous mettait en garde, la solitude est le seul moyen d'accéder à la conscience de ce que nous nous devons à nous même. Il n'y a pas de devoirs moraux chez Ortega. Ou plutôt, il n'y en a qu'un, qui est un devoir envers soi : sois ce que tu es ; fais ce que tu as à faire ; travaille comme tu dois travailler. L'impératif moral ortéguien ne peut se décliner qu'en une série de tautologies qui se réduisent au souci d'une sorte de coïncidence ontologique avec soi. La définition même de la réalité radicale comme étant le *soi* a pour conséquence logique de ne pouvoir proposer d'autre impératif moral que le devoir, pour chacun, d'être le « chacun » qu'il est, de ne pas falsifier son existence. Dès lors que l'on a

30. *Ibid.*
31. *Obras*, VII, 206.
32. *Obras*, VII, 199.

compris que la réalité première est l'irréductible subjectivité de l'individu et que le social est, au contraire, l'impersonnel anonyme qui s'impose à moi sans pouvoir se prévaloir de la moindre transcendance, il est clair que ce que j'ai à être ne saurait se concevoir que dans le retrait. Mais il serait faux d'en déduire qu'Ortega enseigne un frileux repli sur soi : certes, la société n'est pas Dieu mais, comme elle est, elle est ma circonstance, ce dans quoi j'aurais à être ce que je dois être. Ortega l'a dit et répété avant les existentialistes : nous devons nous engager *(comprometernos)*. L'expression en espagnol joue sur deux sens du terme : *comprometerse*, c'est à la fois s'engager et s'exposer. Il n'y a aucune norme morale qui nous y oblige ; ce n'est pas même que « l'engagement » soit plus noble que l'indifférence, c'est tout simplement que nous ne pouvons échapper à notre condition qui est d'être libre et d'avoir donc à faire ce que nous voulons être. Notre liberté est si absolue que toutes les options sont ouvertes, y compris celle de ne pas être « nous-même ». C'est cela qu'Ortega appelle, dans une acception inédite de l'expression, « refuser sa vocation » ou son « destin » lesquels, bien évidemment, n'ont rien de prédéterminé mais s'apparentent plutôt à ce qu'il nomme parfois « projet vital » ou « programme de vie »[33]. Nous ne serons pas moins libres parce que nous aurons été moins authentiques puisque la liberté inclut jusqu'à la possibilité de rester sourd à cet appel intime qui soutient notre être. Et si l'on demande à quel signe nous reconnaissons ce à quoi nous sommes appelés, Ortega répondra que nous le savons fort bien : à la joie que nous éprouvons à l'accomplir. La morale d'Ortega n'est exposée de façon méthodique dans aucun texte. Plusieurs fois annoncée, elle ne fut jamais écrite. Elle n'est pas au cœur de notre propos. Mais il convenait de signaler ici ce qui peut sembler le plus étrange au lecteur : qu'une réflexion sur le social commence par une méditation de la solitude. Il s'agit très clairement, de la part du philosophe madrilène, d'une position de principe contre toutes les idolâtries du social.

33. On ne manquera pas de noter la parenté avec ce que Sartre appellera plus tard « projet existentiel » dans *L'Être et le Néant*. Néanmoins, chez Sartre, la notion désigne moins un appel que l'unité d'un sens tel qu'il peut être dégagé *a posteriori* par l'analyse – analyses qu'il a faites sur Baudelaire et sur Flaubert, notamment.

C – L'usage

Ortega, qui reconnaît dans l'*usage* le fait social par excellence, croit devoir se démarquer et de Bergson et de Weber qui le ramènent à une *habitude* – une habitude sociale. En effet, ce n'est pas la fréquence avec laquelle un acte est accompli qui le constitue en usage. Les *ludi saeculares* romains en sont le meilleur exemple puisqu'ils ne s'accomplissent qu'une fois par siècle : « une chose n'est pas un usage parce qu'elle est fréquente, mais plutôt nous la faisons fréquemment parce qu'elle est un usage »[34]. Conséquence immédiate de cette remarque : ce n'est pas la *société* qui est à l'origine des usages sociaux, ce sont des *individus*. Un usage naît de l'initiative d'un individu, ou d'une minorité très circonscrite, par un acte qui peut être unique. C'est ainsi qu'une mode vestimentaire, une nouvelle expression ou tournure de langage, sont « lancées » par un individu particulier ou un petit groupe et peuvent se diffuser ensuite dans le corps social jusqu'à devenir une norme plus ou moins durable. Ce n'est pas pourtant un effet de simple imitation. L'imitation et l'habitude sont les idoles explicatives de la sociologie paresseuse. Car l'imitation n'explique finalement rien puisqu'il resterait à comprendre pourquoi on imite une chose et pas une autre. Dans un chapitre de *Espagne invertébrée* Ortega s'explique sur ce point à partir du couple exemplarité/docilité[35]. La notation est intéressante car elle permet de rendre compte de la dynamique interne du corps social et notamment de ce qui unit élites et masses. Cette dynamique repose, selon lui, sur une « capacité d'enthousiasme pour le meilleur »[36]. Le geste élégant, la formule la mieux ajustée, font jaillir dans l'âme de celui qui en est témoin le désir de les refaire, de les reprendre. Non pour les imiter, car il y aurait là une sorte de falsification, mais pour se les approprier : « par l'assimilation à l'homme exemplaire qui passe devant nous, toute notre personne se polarise et s'oriente vers sa manière d'être, nous nous disposons à réformer véritablement notre essence selon le modèle admiré. En somme, nous percevons comme telle l'exemplarité d'un tel homme et nous nous sentons dociles devant son exemple.[37] » Cette remarque

34. *Obras*, VII, 213.
35. *Obras*, III, 103 sqq.
36. *Obras*, III, 104.
37. *Ibid.*

d'Ortega n'a rien d'incident, de marginal, dans sa réflexion. Pour lui, c'est bien le *« pouvoir d'attraction »*, et non l'intérêt, qui est l'origine et le moteur des sociétés humaines [38]. La crise de l'Europe, que nous évoquions plus haut, et la question de l'homme-masse, prennent tout leur sens sous cet éclairage : l'indocilité à l'exemplarité est un fait social contre nature. C'est pourquoi il ne saurait durer. Ou une nouvelle exemplarité se fera jour, ou la société européenne s'effondrera dans la barbarie : « la forme juridique qu'adopte une société nationale pourra être aussi démocratique et même communiste qu'il sera possible de l'imaginer ; en dépit de cela, sa constitution vivante, transjuridique, consistera toujours dans l'action dynamique exercée par une minorité sur une masse. Il s'agit là d'une loi naturelle qui joue dans la biologie des sociétés un rôle semblable à celui de la loi des densités en physique » [39].

L'usage, donc, en tant qu'il est œuvre d'un individu ou de quelques individus, possède bien un contenu proprement humain. Mais ce contenu se dessèche, se déshumanise en quelque chose de mécanique et de contraignant au fur et à mesure qu'il se diffuse. L'usage, c'est la trace dévitalisée de ce qui fut un jour un acte volontaire et vivant : « entre le moment où un individu eut l'idée créatrice [...] de l'usage nouveau et le moment où celui-ci est devenu, en effet, un usage en vigueur, une institution – tout usage est institution – il a fallu nécessairement beaucoup de temps. Et dans le laps de ce long temps où se forme l'usage, l'idée créatrice qui, à son heure initiale, était pleine de sens [...] a déjà commencé à être vieille, à perdre le sens qu'elle a eu, à devenir inintelligible. [40] » Bien loin que le social déborde donc, par sa richesse, la vie individuelle, il est plutôt un résidu privé de sens – ou pour mieux dire, affecté d'un sens de signe inverse au précédent : là où l'individu innove, inaugure, invente, la société thésaurise, matérialise, conserve. Les deux moments sont bien évidemment complémentaires, mais il ne faut pas les confondre. Sans le caractère éminemment conservateur de la société, toute innovation individuelle serait perdue. Mais la société, d'elle-même, ne

---

38. Ce qui semble impliquer que l'homme est naturellement capable d'une sorte de sensibilité peut-être plus encore esthétique que morale. Ortega ne développe pas l'idée.

39. *Obras*, III, 93.

40. *Obras*, VII, 226.

crée rien. Ainsi, le social s'oppose à l'individu comme la matière à l'esprit : c'est une force d'inertie de nature retardataire : « l'usage consiste en une forme de vie que l'homme très personnel ressent toujours comme archaïque, dépassée, vieillie et dépourvue de sens. L'usage est l'humain pétrifié, la conduite ou l'idée fossilisées. Nous voyons ici le mécanisme par lequel toujours, et plus ou moins, le social est passé, passé desséché, momie, [...] anachronisme.[41] » Le social, ce n'est finalement que de la vie retombée, c'est l'inerte qui se fait résistance et contrainte. Ortega précise son analyse de l'usage à partir de deux exemples : le salut et le langage qui lui permettent d'introduire une notion plus complexe, celle de « vigence » ou de « croyance sociale ».

D – Deux exemples : le salut et le langage

Le salut, quelle que soit sa forme, est un phénomène social familier imposé par le savoir-vivre élémentaire. C'est un acte que j'accomplis et que j'assume consciemment ; néanmoins, il m'est prescrit de façon impérative, jusque dans son détail, par la société et non par un choix personnel ; enfin, sa signification m'est inintelligible sans un long détour réflexif. Ortega écarte l'analyse généalogique qui porte sur les transformations du geste. Elle n'est pas nécessairement fausse, mais elle est insuffisante : que notre *shake hand* occidental vienne de l'acte par lequel on se remet entre les mains d'autrui n'explique pas à proprement parler la signification sociale du geste puisque ce sens passé est un sens perdu. Qu'importe, d'ailleurs, cette histoire hypothétique. Elle rend compte de la forme particulière du salut dans notre société, pas de son sens social général. Le salut inaugure nos rapports avec autrui ; c'est une technique d'approche de l'autre, d'un être qui présente pour nous une certaine dangerosité, même si, bien évidemment, ce danger n'est pas, n'est plus, celui de la violence physique immédiate : « le fait même qu'existe l'usage du salut est une preuve éloquente de la conscience aiguë qu'ont les hommes de constituer un risque les uns pour les autres »[42]. Le salut, donc, témoigne de notre bonne volonté, de notre désir d'entrer dans une relation sociable avec l'autre. On sait, au demeurant, que le salut est d'autant plus

41. *Ibid.*
42. *Obras*, VII, 230.

formel et précautionneux que l'autre est potentiellement dangereux comme le montrent les longues approches des Touaregs dans le désert. La signification de notre poignée de main est celle d'une déclaration d'intention tacite : « ce n'est pas un acte déterminé qui, par lui-même prétende valoir concrètement pour quoi que ce soit ; le salut est la déclaration que nous allons nous soumettre aux usages communs [...] nous nous déclarons mutuellement disposés à accepter tous les autres usages en vigueur dans le groupe social »[43]. Dans le salut, donc, se donnent à voir, de façon paradigmatique, les traits essentiels de tout fait social : il est mécanique et contraignant d'une part, il ne relève d'aucune convention interindividuelle et est dépourvu de signification spontanée d'autre part.

La réflexion d'Ortega sur le langage traverse toute l'œuvre. Nous n'examinerons ici que ce qui est relatif à sa dimension de fait social. Pour Ortega, la parole est action, « action vivante d'un être humain sur un autre être humain »[44]. C'est pourquoi la vérité du langage est dans le *dire* et non dans la langue, ce système abstrait de significations potentielles déposées dans les dictionnaires et les grammaires. Le dire augmente la langue de deux dimensions dont l'une est en quelque sorte infra-linguistique (la volonté d'expression, le désir de dire) et l'autre supra-linguistique (l'expression de la mimique, la gestuelle du corps, le jeu de l'intonation). Il y a donc une nouvelle linguistique à inventer, selon Ortega, une *stylistique* qui prenne en compte le fait que le langage est un dire vivant parce que la parole est une parole dite à quelqu'un. Cette théorie du dire devra être attentive à ce qui, dans l'échange, est la condition de possibilité de l'échange : ce qui est tu – l'implicite du contexte sans lequel la parole serait condamnée à expliciter à l'infini ce qu'elle vise. C'est ainsi que toute parole se déploie sur un fond de silence tacite qui n'est autre que le sens d'une situation commune aux interlocuteurs et, plus largement, de la référence à une commune culture. Rien de mystérieux dans ceci si l'on veut bien se souvenir que « la langue maternelle socialise le plus intime de notre être et, grâce à cela, tout individu appartient, au sens le plus fort du terme, à une société »[45]. Il n'est aucune expérience, pour aussi intime et

43. *Obras*, VII, 233.
44. *Obras*, VII, 242.
45. *Obras*, VII, 254.

irréductible qu'elle soit à un commun dénominateur social – l'expérience amoureuse par exemple – qui ne soit obligée de se dire dans les mots consacrés par une langue, dans ce qu'il y a donc de plus impersonnel. D'une façon générale, comme « chaque langue contient en soi une figure particulière du monde », « l'être le plus intime de chaque homme est déjà informé, modelé par une société déterminée » [46]. Au fond, toute l'analyse d'Ortega se situe au point de rencontre entre la langue comme fait social et la parole, le dire, comme fait individuel.

La réflexion ortéguienne sur le langage excède ce que nous pouvons en dire dans cette brève présentation. Ce qu'il importe de noter, c'est que la langue nous enseigne à la fois des mots et des idées, des « idées-usages » : « l'immense majorité de nos idées, bien qu'elles soient des idées et qu'elles agissent en nous comme des convictions, ne sont rien de rationnel, ce sont des usages comme la langue et le salut » [47]. Ces « idées », en effet, ne sont pas moins « mécaniques, inintelligibles et imposées » que les autres usages sociaux. Ce sont, au sens propre, des *idées reçues* et, en tant qu'elles sont actives, qu'elles sont des convictions agissantes, Ortega les appelle des « vigences » *(vigencias)*. Le système de ces vigences, de ces « opinions régnantes » constitue « l'opinion publique » [48]. Ces idées ne sont pas des pensées (nous ne les pensons pas, si l'on entend par là les examiner pour en répondre), et c'est pourquoi Ortega les appelle des *opinions*, conformément à la tradition philosophique. Mais, en tant qu'elles sont *en vigueur*, qu'elles ont un caractère contraignant, il fallait inventer un néologisme, celui de *vigence*, pour les désigner. « L'opinion publique » ortéguienne n'a rien à voir avec l'objet statistique construit par l'appareillage des sondages [49]. Il s'agit d'un ensemble de topiques, de lieux communs – sans que l'expression soit nécessairement prise au sens péjoratif – qui ne relèvent pas de l'adhésion individuelle mais qui s'imposent à l'individu quand bien même celui-ci ne les approuverait pas. Les droits de l'Homme, la démocratie, le droit des peuples seraient des exemples possibles des vigences qui constituent

46. *Ibid.*
47. *Obras*, VII, 263.
48. *Obras*, VII, 264.
49. Opinion publique dont P. Bourdieu a justement montré depuis qu'elle n'existait pas : « L'opinion publique n'existe pas » in *Questions de sociologie*, éd. de Minuit, 1984, pp. 22 sqq.

l'opinion publique contemporaine dans une aire culturelle et sociale qui dépasse désormais largement celle de l'Occident. Cependant, les vigences ne sont pas nécessairement, ni essentiellement, de nature politique. Ortega en donne une bonne illustration dans une conférence de 1935 *(Mission du Bibliothécaire)* : le livre « l'espérance dans le livre », est une croyance anonyme, une vigence sociale qui apparaît à la Renaissance [50]. On pourrait être tenté de rapprocher la notion d'opinion publique de celle d'idéologie, au sens marxiste, dont elle partage le caractère global et lié à une société déterminée. Ce serait un contresens. D'abord parce qu'Ortega ne rapporte pas les vigences au mode social de production économique ; ensuite, parce que les vigences ne relèvent pas pour lui d'une quelconque « fausse conscience » à démasquer. L'analyse théorique est aussi incapable de les réfuter que de réfuter l'usage de la poignée de main. Qu'elles soient vraies ou fausses est sans importance au regard de leur détermination essentielle : elles sont en vigueur. Les vigences n'étant pas des « pensées », la rupture avec le lien social, dans la solitude et le recueillement *(ensimismamiento)*, sont nécessaires à qui veut se déprendre de ces opinions compactes pour comprendre qui il est et ce qu'il vit. En un mot, la société n'a pas d'idées, elle ne pense pas, elle *croit*.

E – Opinion publique et pouvoir public

La vigence s'apparente à la *doxa* platonicienne en ce qu'elle est une pensée que personne ne pense et donc, à certains égards, un obstacle à la pensée pensante, à celle qui *réfléchit* selon des règles. Mais ce n'est là qu'un aspect, le moins important, de la vigence. Ortega insiste sur la positivité des vigences, positivité qui est la marque de leur nature éminemment sociale. Ce sont elles, en effet, qui constituent le lien social le plus fort, le plus fondamental, dans une communauté humaine. La position d'Ortega est ici tout à fait inédite : ce n'est ni le besoin ni la crainte qui rassemblent les hommes, c'est un ensemble de croyances communes parmi lesquelles figurent, sans privilège particulier, les croyances religieuses. On comprend mieux, dès lors, que l'absence de « projet vital » qui lui semble expliquer aussi bien le déclin de l'Espagne hier

50. *Obras*, V, 210-234.

que la crise européenne aujourd'hui est autre chose qu'une formule littéraire vague. Les vigences contemporaines manquent de force, de dynamisme, elles sont fragmentaires, éparpillées, contradictoires. Elles ne peuvent susciter aucun *enthousiasme* – terme éminemment ortéguien dont la signification doit être rapportée à ce qui a été dit plus haut sur le mode de compénétration des élites et des masses. Non pas que nous ayons besoin de quelque idéologie pour enivrer les peuples, mais il ne fait pas de doute, dans une perspective ortéguienne, que gouverner est autre chose que gérer, qu'une grande politique n'est pas du même ordre qu'une bonne administration. Rien de grand ne peut être entrepris, rien de ce qui fut créé ne peut même perdurer là où les élites et les masses ne partagent pas un fonds substantiel de croyances communes, une foi : « l'incorporation nationale, la coexistence de peuples et de groupes sociaux exige quelque haute entreprise de collaboration et un projet suggestif de vie en commun »[51].

L'opinion publique, au sens que nous avons dit, n'est finalement qu'un ensemble de poncifs que l'intellectuel peut considérer avec condescendance en ce qu'elle n'a rien, en effet, de conceptuellement vénérable. Mais ce ne sont pas les constructions intellectuelles qui font les sociétés ou les États. Ainsi, et pour remarquable qu'elle soit, sans la Révolution faite par des hommes de chair et de sang à partir de convictions approximatives, mais partagées par tout un peuple, la théorie du pacte social n'est rien qu'un merveilleux échafaudage de concepts. Cette remarque pour rappeler qu'Ortega, il le répète, n'aime pas « penser en l'air ». Sa réflexion sur le politique doit plus à l'histoire qu'aux différentes théories de l'État construites par la tradition philosophique et notamment celles du XVIIIe siècle qu'il juge très sévèrement. L'opinion publique, donc, pour aussi peu recommandable qu'elle soit au regard de la raison, lui semble être le principe social actif en ce qu'elle a « force de loi », comme tout usage. Cet ensemble de vigences, de croyances, constitue un *corpus* de convictions, de références et de valeurs communes dans lesquels tout pouvoir public puise sa légitimité : « la société, ensemble de tous les usages, d'un côté s'impose à nous ; de l'autre nous sentons qu'elle est une instance à laquelle nous pouvons recourir et

51. *Obras*, III, 63.

sur laquelle nous pouvons nous appuyer. L'un et l'autre, le fait d'être imposition et recours, impliquent que la société est, par essence, pouvoir, un pouvoir irréductible face à l'individu. L'opinion publique, l'opinion régnante, possède derrière elle ce pouvoir et l'exerce dans les diverses dimensions de l'existence collective. Ce pouvoir de la collectivité est le *"pouvoir public"*.[52] » En d'autres termes, à la question de savoir quelle est l'origine du pouvoir *dans* la société, Ortega répond : la société *est*, par nature, pouvoir. Il suffit pour s'en assurer d'analyser la façon coercitive dont elle impose les usages. À partir de là, on comprend qu'il n'y aura pas chez lui de théorie du droit ni de l'État comme système d'objectivation de la liberté. Nous sommes aussi loin que possible de Hegel et même de Kant. Le droit est dans le prolongement de l'usage, et l'État dans le prolongement de la société civile.

L'opinion publique, ce n'est finalement que l'ensemble des opinions en usage. Tout usage est contrainte mais, réciproquement, il n'y a d'autorité acceptée, d'autorité durable donc, que dans les bornes de l'usage. C'est pourquoi Ortega voit dans la *concorde* le point d'ancrage de toute autorité publique. Pour lui, au fond, le pouvoir est incapable d'instaurer la concorde entre les hommes si cette concorde n'est pas déjà là, dans cet accord implicite que sont des croyances partagées. Que ces croyances se délitent, et le corps social se décompose. Le politique, dès lors, n'est pas tant celui qui contraint que celui qui entraîne, qui rallie, à partir d'idées communes qu'il transcende jusqu'à un idéal de vie. En d'autres termes, l'essence du pouvoir est, en dernière instance, de nature spirituelle. La remarque est d'importance pour bien comprendre la défaillance du « pouvoir spirituel », que nous avons rencontrée au cœur de la *Révolte des masses*, car ce n'est alors rien d'autre que la défaillance du pouvoir tout court. L'agitation des politiques est ramenée à sa juste mesure, et l'on voit mieux pourquoi Ortega considère les prurits autoritaristes avec une condescendance navrée : ils constituent un contresens sans avenir sur la nature des sociétés. Ortega aime étayer ses argumentations sur des exemples historiques. Nous avons dit pourquoi. L'histoire de Rome lui permet de montrer comment les institutions de la République ont été fortes et vivantes tant

52. *Obras*, VII, 267.

qu'un accord de l'opinion publique existait sur la question politique fondamentale qui est de savoir qui doit commander. La solution inventée par les Romains : le peuple et le sénat *(Senatus populusque romanus)* montre que l'histoire a plus de génie que tous les philosophes et les constitutionalistes réunis[53]. Mais le plus important de cet accord de l'opinion publique porte sur ceci : ce qui doit gouverner, ce n'est pas un homme, c'est *la loi.* C'est ainsi que les Romains ont pu se sentir libres sous des lois que nous trouvons fort rudes. Ils se sentent libres parce que leurs institutions assument l'essentiel de ce que l'opinion publique exige : « la vie publique sans les rois »[54]. Faute de comprendre ceci, nous n'entendons rien à la vie publique romaine. D'où nos naïvetés, encore, sur le pouvoir du *pater familias.* Là où nous voyons un arbitraire sans loi, les Romains voient, au contraire, l'insertion de la loi jusqu'au sein de l'institution familiale par le pouvoir qui est délégué au père – donc la mise en application de leur vigence la plus forte sur l'idée de pouvoir[55].

III – L'État

Qu'est-ce que l'État, alors, pour Ortega ? Nous avons dit l'essentiel : le prolongement du pouvoir de la société sous une « forme superlative », c'est-à-dire organisée, structurée en appareil de commandement et d'administration. L'État revêt des formes historiques déterminées que le philosophe doit s'efforcer de comprendre historiquement : c'est le rôle de la raison historique (nous reviendrons sur ce terme) ; il ne lui appartient pas de prescrire, *in abstracto,* à une réalité historique la forme qu'elle doit revêtir. Autrement dit, l'État n'a pas à être jugé à partir de critères moraux extrinsèques à l'histoire (nous venons de rappeler l'adéquation des institutions politiques romaine à un état de l'opinion publique sur la liberté politique). En revanche, il est légitime, d'un point de vue réflexif sur l'histoire, de s'interroger justement sur les rapports d'un État et d'une société donnés. Si le pouvoir politique, comme nous l'avons vu, fait corps avec le « pouvoir public » qui est celui-là même de la société comme société, il

53. *De l'Empire romain, in Obras*, VI, 103 sqq.
54. *Obras*, VI, 77.
55. *Obras*, VI, 81.

ne saurait s'imposer (et encore moins s'opposer) durablement à elle comme une « prothèse » autoritaire. L'État, selon Ortega, doit recouvrir le corps social comme la peau recouvre le corps physique [56]. Encore une fois, non pas pour des raisons morales ou autres, mais pour accomplir sa nature. C'est ce qui se produit dans certaines occasions. Quand l'histoire de la société est en phase ascendante, quand la communauté est en mesure de forger l'État en accord avec ses préférences vitales au lieu d'avoir à s'adapter à un moule de fer. Quand l'État adhère à la société comme une peau, dit Ortega, la vie est liberté, quand ce n'est pas le cas, « nous le sentons comme un appareil orthopédique », la vie est contrainte [57].

Si Ortega confesse mourir d'ennui à la lecture des « constitutions que les philosophes européens, depuis le XVIIIe siècle, sortent de leur tête » [58], il semble plus intéressé par certaines données ethnographiques dans lesquelles il prétend voir confirmation de ses hypothèses sur la nature de l'État. C'est pourquoi *L'Origine sportive de L'État* [59], petit texte écrit en 1924, mérite un mot de commentaire. Non pas en raison de ce qu'il contient de « savoir positif » : Ortega ne cite aucune de ses sources, ce qui semble indiquer, malgré une molle dénégation de sa part, qu'il se livre bien à un exercice de spéculation sur la spécificité de l'État par rapport à la société et non à une improbable enquête empirique sur ses origines historiques. Il ne suffit pas, en effet, de dire que la société *est* pouvoir pour expliquer comment le pouvoir structure le corps social et en vient, dans les sociétés complexes, à produire un organe de coercition spécialisé ayant la charge des affaires communes. La thèse d'Ortega est généalogique. Elle vise à établir, contre l'idée admise, par les marxistes notamment, que la genèse des structures sociales ne relève pas « en dernière instance » de l'utilité économique mais de ce qu'il appelle, non sans quelque provocation, « la grâce » [60].

L'État (il faut entendre par là, dans ce texte, l'organisation d'ensemble de la société, sa structure) est, selon Ortega, une création de la jeunesse. Le phénomène de la horde est

---

56. *Obras*, VI, 99-101.
57. *Obras*, VI, 100-101.
58. *Obras*, VI, 101.
59. *L'Origine sportive de l'État*, *in* Obras, II, 607 sqq.
60. *Obras*, II, 618. La « thèse socialiste » est explicitement citée p. 615.

pré-social ; il n'est pas encore proprement humain et ne nous apprend donc rien sur les organisations humaines. C'est quand les hordes entrent en contact qu'apparaissent les faits sociaux proprement dits. La donnée première, c'est celle de « l'instinct de coétanéité »[61]. Le terme de *coetáneidad*, intraduisible d'un mot, désigne le fait d'appartenir à une même classe d'âge, ce qui est plus restrictif et plus précis que la notion de contemporanéité. En effet, plusieurs classes d'âge sont contemporaines : schématiquement, les jeunes, les hommes mûrs, les anciens. Le fait social fondateur de tous les autres, et donc de l'histoire, est pour Ortega la coexistence de *générations* différentes. L'adolescence est l'âge de l'amitié, de l'extraversion qui pousse les jeunes à se rencontrer, à se rassembler. Les jeunes hommes appartenant à plusieurs hordes en viennent donc à briser l'enfermement naturel de ces groupes primaires pour vivre en commun. Ce qui donne dans les sociétés traditionnelles la « maison des célibataires » qui n'est pas sans parenté, selon la remarque souriante d'Ortega, avec le « club » et le « casino ». Seconde donnée fondamentale, ces jeunes gens rêvent, imaginent. L'objet de leur commune rêverie exaltée, c'est la femme, la femme inconnue ou entrevue, celle qu'ils ne connaissent pas. Ils s'organisent alors pour le rapt, pour le vol des filles dans les hordes lointaines. D'où la première forme d'organisation sociale, car cette guerre exige un chef et une discipline. Ce mélange de projet guerrier et d'imaginaire conduit à des rites magiques à l'intérieur d'une sorte de société secrète des jeunes gens : « la première société est une association de jeunes pour voler des femmes étrangères »[62]. Il en résulte que l'exogamie, qui est la raison d'être du groupe, sera la première loi matrimoniale et par extension la première loi civile. De nombreuses cérémonies nuptiales contemporaines, observe Ortega, portent encore les marques symboliques du mariage conçu comme un rapt.

Face à l'association belliqueuse des jeunes hommes s'organise « l'association des anciens : le sénat »[63]. Avec eux se trouvent les femmes et les enfants sans que soient distingués pères et époux. Les femmes se placent donc sous la protection de leurs frères et des frères de leur mère. Cette première famille

61. *Obras*, II, 614.
62. *Obras*, II, 618.
63. *Ibid.*

est la famille matriarcale dont l'origine est réactive, opposée à celle de l'État : « le principe de coétanéité entre en lutte, dans l'histoire, à partir de là, avec le principe de consanguinité »[64]. D'où cette conclusion : ce ne furent ni le commerçant ni le prêtre qui initièrent le grand procès de la politique et de l'histoire : « ce fut la jeunesse préoccupée des femmes et résolue au combat ; ce fut l'amoureux, le guerrier et le sportif »[65]. Qu'importent, ici, les analyses qui suivent et qui nous font entrer progressivement dans l'histoire, au sens propre, à travers l'organisation militaire des fratries, etc. Ce qui est intéressant, c'est l'interprétation suggérée par Ortega de ces maigres données factuelles : les institutions politiques sont des *créations actives* au cœur desquelles se trouvent l'affirmation de soi de la vie et de l'imaginaire : « la première société humaine, proprement telle, est tout le contraire d'une réaction à des nécessités imposées »[66]. Ni l'organisation sociale ni les institutions publiques ne se forment d'elles-mêmes par l'effet « naturel » de la production et de la reproduction. Elles s'opposent plutôt à la famille et au travail comme une libre dépense d'énergie, comme une organisation *inutile* à tous égards et pourtant mille fois recommencée. Ortega ne dégage pas les conclusions de ces notations. Elles sont claires si on les rapproche des autres textes que nous avons évoqués : une institution est un usage ; mais derrière cet usage il y a, comme toujours, un geste humain vivant, affirmatif. La société ne crée rien par inertie et par répétition et si l'utile y a ses droits, il ne règne pas en maître. D'autres forces, plus résolument *actives*, et d'abord celles de l'imaginaire, la travaillent. Et c'est pourquoi l'analyse marxiste est faible et même fausse, au moins dans la lecture qu'il en fait : elle laisse supposer que les institutions politiques et sociales se font finalement toutes seules, qu'il y a création sans acte créateur.

Il ne faut pas se méprendre sur le relatif laconisme de la théorie ortéguienne de l'État. Pour Ortega, l'État est une *création historique* par laquelle les peuples (les réunions de peuples mieux encore) se donnent à un projet commun. Ce n'est pas l'autorité de l'État qui les tient unis, c'est le programme de vie qu'il incarne qui les rassemble. C'est ainsi,

---

64. *Obras*, II, 619.
65. *Ibid.*
66. *Obras*, II, 617.

pour ne donner qu'un exemple, que le philosophe madrilène interprète historiquement la construction de l'Espagne : « l'unité espagnole fut, surtout et avant tout, l'unification des deux grandes politiques internationales qu'il y avait à l'époque dans la péninsule, celle de la Castille, en direction de l'Afrique et du centre de l'Europe, celle de l'Aragon, en direction de la Méditerranée. Le résultat fut que, pour la première fois dans l'histoire, on a conçu une *Weltpolitik* ; l'unité espagnole fut réalisée pour l'entreprendre.[67] » Aussi pourrait-on dire, mais en un sens qui n'a rien de hégélien, que c'est l'Idée qui fait l'État. Que l'Idée, le grand projet de vie collective, vienne à manquer, qu'elle perde de sa puissance suggestive, et l'État se délite ; le corps politique se défait et les particularismes (corporatistes, régionaux...) triomphent sur les ruines de la chose publique. Si Ortega se sépare fortement de Hegel en ce qu'il refuse de reconnaître à l'État une sorte de dignité métaphysique, celle du « rationnel en soi et pour soi », il est donc tout aussi loin des doctrinaires libéraux qui ne voient dans l'État qu'un organe de régulation sociale un peu archaïque dont on peut prédire – et hâter – le dépérissement prochain. L'État garde pour lui la marque d'une certaine contingence historique, mais son éclipse (elle peut durer des siècles) n'indique qu'une chose : la vie est devenue sans projet de vie en commun ; elle est historiquement à son étiage.

IV – Histoire et historicité

Notre sort est entre nos mains : si le sens de l'histoire était joué, à quoi bon s'interroger sur ce qu'il convient de faire *hic et nunc* ? C'est pourquoi la philosophie ortéguienne de l'histoire n'est pas une spéculation sur le *sens* de l'histoire, c'est une philosophie de l'*action* historiquement située, de l'action dans sa *circonstance*. Le présent et l'histoire sont *à faire*. Ce qui suppose qu'on les comprenne, tout comme on s'efforce de comprendre les lois de la nature pour y inscrire une action technique efficace. Mais pour Ortega, l'histoire n'a pas de plan caché, et il n'y a pas lieu de chercher, comme Hegel, « la rose de la raison dans la croix du présent ». L'histoire n'a pas de *sens*, si l'on entend par là qu'elle accomplirait une finalité, mais elle n'est pas *insensée* pour autant, c'est-à-dire absurde.

---

67. *Obras*, III, 63.

L'histoire, la politique, les modalités de l'action humaine dans le temps en général, sont intelligibles, estime Ortega, comme l'est le monde physique. Mais ce qui relève de la vie et de l'action doit être abordé avec une méthode particulière, qui n'est pas celle des sciences de la nature. L'instrument de l'analyse, la « raison historique », qui est essentiellement de nature narrative, est exposé en détail dans un ouvrage de 1941, *L'Histoire comme système* : « face à la pure raison physico-mathématique il y a [...] une raison narrative. Pour comprendre quelque chose d'humain – personnel ou collectif – il est nécessaire de raconter une histoire » [68].

Si l'histoire et la vie relèvent d'une même méthode d'intellection, où le présent s'éclaire par le passé, c'est parce qu'elles sont finalement une seule et même chose : l'histoire, c'est de la vie ; la vie, c'est une histoire – un « drame », comme dit parfois Ortega. Comment le passé peut-il être présent dans la vie si ce n'est comme agissant en nous ? Un passé qui ne serait pas, d'une manière ou d'une autre, agissant dans le présent ne serait rien du tout. Or l'homme, comme le répète Ortega, est pur changement puisque son être est une tâche, puisqu'il a à se faire. Et que peut-il se faire être sinon ce qu'il n'est pas ? Mais ce qu'il n'est pas exclut par définition ce qu'il a été. Car ce qu'il a été c'est justement ce qui est devenu « nature » dans cet être qui n'a pas de nature, c'est « ce qu'il a de chose, l'inexorable et le fatal » [69]. Nulle logomachie dans ceci : celui qui n'aurait d'autre projet que d'être ce qu'il a été (par exemple, le jeune homme qu'il fût à vingt ans) se nierait par là-même comme vivant. Immobilisé dans un éternel présent, à supposer que la chose soit possible, il aurait proprement cessé de vivre. C'est l'historicité constitutive de l'homme, l'obligation métaphysique où il se trouve d'avoir à se fuir pour se faire, qui sous-tend le mouvement de l'histoire. Ortega propose une sorte d'apologue pour se faire entendre : Lindoro est un « homme à femmes » vieillissant. Charmé par Hermione, il ne peut se décider cependant à en devenir amoureux. C'est qu'il a été l'amant de tant d'autres... Il ne peut plus se lancer dans l'aventure d'aimer car justement, pour lui, ce ne serait plus une aventure. Ce qu'il a fait hypothèque ce qu'il pourrait faire : « ce que nous avons été pèse négativement sur ce que

68. *L'Histoire comme système, in Obras*, VI, 40.
69. *Obras*, VI, 39.

nous pouvons être »[70]. Ce n'est pas le temps qui est irréversible, c'est l'expérience, « l'expérience de la vie », comme dit le langage populaire. Ce n'est pas le temps qui ne revient pas, c'est moi qui ne suis plus celui que j'ai été. C'est ainsi qu'on ne « refait pas sa vie », on en fait une autre qui prolonge et reprend ce qu'a été celle-ci.

Ces expériences ne sont pas seulement des expériences personnelles. À travers les usages, les vigences, ce sont les formes de la vie sociale, et les formes politiques aussi bien, qui, du seul fait qu'elles ont eu lieu, n'auront plus lieu. Notre démocratie n'est pas celle d'Athènes et l'art roman ne reviendra plus. Non pas que le passé soit exactement « dépassé » par le présent, car, pour Ortega, le progrès n'a rien de nécessaire : nous pouvons aussi aller de sottise en sottise. Il est plutôt absorbé par lui, puisque ce présent n'est ce qu'il est que parce qu'il s'est fait en référence à ce passé là : « l'histoire est un système, le système des expériences humaines », dit Ortega[71]. Mais c'est ce qui fait aussi que le présent est intelligible par l'histoire. Ainsi, on ne peut comprendre ce qu'est un rationaliste européen d'aujourd'hui si l'on ne sait pas ce qu'a signifié être chrétien ; ni savoir ce qu'a signifié être chrétien si l'on ignore ce qu'a signifié être stoïcien, etc.[72]. De même, que chacun considère sa vie, et il verra qu'il ne peut la comprendre qu'à partir de ce qu'il a été successivement, mais aussi de ce qu'est, et a été, la société où il vit, laquelle, à son tour, renvoie à des strates plus larges et plus enfouies, etc. La moindre histoire, la plus modeste biographie, suppose, en droit, toute l'histoire.

Ce qui ouvre la question de l'articulation de l'histoire collective (celle des peuples, des nations, des empires) sur les histoires individuelles. Elle a été rarement abordée avec précision par les philosophes, pour ne rien dire des historiens[73]. Il faut accorder à Ortega le mérite d'avoir essayé de concevoir l'échelon manquant. Pour lui, c'est celui de *génération*. On ne comprend rien à l'intérêt de cette thèse ortéguienne, elle peut

---

70. *Obras*, VI, 39.

71. *Obras*, VI, 43.

72. On trouvera dans *A propos de Galilée*, *in Obras*, V, pp. 11-163, une analyse originale de la Renaissance à partir de la méthode régressive suggérée ici.

73. À signaler pourtant la belle étude de Sartre sur Flaubert qui prend la difficulté à bras le corps (*L'Idiot de la famille*, Gallimard, 1973).

même sembler passablement arbitraire, si l'on ne voit pas que sa fonction est de raccorder l'histoire à la vie de l'individu empirique : « de même que, dans notre vie individuelle, l'acte que nous effectuons maintenant, ce que nous sommes maintenant, par conséquent, représente un morceau immuable du temps défini que va durer notre existence, de même chaque génération représente un morceau intransférable et irréversible du temps historique, de la trajectoire de l'humanité »[74]. En d'autres termes, c'est à travers la génération que l'existence individuelle (la réalité radicale) se porte à l'existence historique, qu'elle apparaît à l'ensemble des individus qui la constituent comme une sorte de « communauté de destin ». Réciproquement, c'est dans la génération que l'histoire, toute l'histoire et pas seulement celle de nos aïeux personnels, est présente à nous : « le présent du destin humain, présent dans lequel nous vivons, mieux encore, le présent que nous sommes, c'est-à-dire nos vies individuelles, est ce qu'il est parce que sur lui pèsent tous les autres présents, toutes les autres générations »[75]. Comment, en effet, passerait-on de l'histoire individuelle à l'histoire collective si ce n'est parce que l'individu s'insère par ses projets, ses idées, son travail, sa façon de voir le monde, dans des représentations, des souhaits, des désirs qu'il partage avec d'autres ? La génération est ce qui délivre l'individu de la famille, ce qui le porte à une existence sociale où il peut s'opposer à d'autres conceptions de l'existence sociale – celles de la génération précédente. Car le propre de la génération, en effet, c'est d'être dans une situation de tension, de contestation, à l'égard de la génération précédente. Mais cette tension qui, répétons-le, transcende l'espace de la famille, est féconde : c'est d'elle que sortiront les jours nouveaux. Ortega y insiste, cette dynamique des générations n'est pas celle d'une succession mais d'une rivalité active entre générations contraintes de vivre dans le même temps. La négativité par laquelle le présent se sépare de lui-même n'a rien d'abstrait chez Ortega : c'est l'affrontement des pères et des fils. Nous n'entrons donc pas dans l'existence historique à notre insu, par on ne sait quelle ruse de la raison ou quelle immersion magique dans le temps que nous vivons.

74. *A propos de Galilée, in Obras*, V, 45.
75. *Obras*, V, 45.

Nous avons conscience – une conscience sans doute étroite, mais c'est déjà une conscience – de miner l'ordre ancien par les idées, les rêves et les projets que nous partageons – ou dont nous disputons – avec nos *coetáneos*, ceux de nos contemporains qui sont de notre génération. La théorie ortéguienne des générations, relativement détaillée dans son exposition, est restée cependant très programmatique dans son application. Mais, tout comme la notion de classe chez Marx, elle vaut prescription méthodologique pour les historiens.

Notre vie individuelle ou collective est donc prise dans une dialectique : l'homme imagine un « programme de vie ». L'expérience lui en montre les insuffisances et les limites. Il imagine alors un autre programme qui prend en compte et la nouvelle circonstance et le relatif échec du premier. C'est en ce sens et en ce sens seulement que le premier est agissant sur le second : dans la série dialectique de ses expériences, « inexorablement, l'homme évite d'être ce qu'il fut » [76]. On voit pourquoi, dès lors, l'histoire, que ce soit celle d'un individu ou celle d'une institution, est compréhensible bien qu'elle n'obéisse pas à une nécessité causale directe : n'importe quoi ne peut pas arriver dans l'histoire, ce n'est pas le règne de la contingence pure ; elle n'est pas complètement imprévisible, par conséquent. Mais pourtant, ce qui arrivera n'est pas déductible par une simple inférence logique. Si A a déjà eu lieu, de B on ne peut dire qu'une chose avec certitude : il sera différent de A : « si nous ne savons pas ce qui va être, nous savons ce qui ne va pas être » [77]. Plus la série des expériences humaines s'allonge, et plus la liberté d'invention du présent est marquée par le poids du passé. Plus aussi, donc, la connaissance du passé éclaire les possibilités du présent et ouvre la voie à une action sensée, c'est-à-dire, pour Ortega, délivrée des sortilèges et des mirages de l'anachronisme. Le formalisme relatif de l'argumentation ne doit pas faire manquer l'idée qui est celle-ci : quand il s'agit de l'homme et non de la nature, la science de ce qui est, c'est l'histoire. C'est pourquoi Ortega peut écrire que « l'histoire est la science systématique de la réalité radicale qu'est ma vie » [78]. Si je veux comprendre ce que je suis ; si je veux comprendre la collectivité dans laquelle je

76. *Obras*, V, 40.
77. *Obras*, V, 41.
78. *Obras*, V, 44.

vis, aussi bien, je suis contraint à la narration. Quand il s'agit de la vie, à la question *« pourquoi ? »* (pourquoi tel homme, pourquoi telles institutions ?), la réponse est toujours « *avant*, il y a eu ceci et puis cela... » ; « cet homme, cette nation fait telle chose et est ainsi parce qu'avant il, ou elle, en fit telle autre et fut de telle autre manière »[79]. Au fond, nous dit Ortega, et la formule aurait l'apparence d'un truisme si elle n'impliquait une prise de position très ferme contre certaines présomptions de la philosophie, il n'y a que l'histoire qui puisse rendre compte de l'histoire. Bien évidemment, c'est Hegel qui est visé. Dans la lecture qu'en fait Ortega, la dialectique de l'Idée n'est finalement qu'un moyen de rendre compte de l'histoire en supprimant l'histoire, en en faisant le simple déploiement d'une essence dans la durée. C'est pourquoi, selon lui, la célèbre formule selon laquelle « tout le réel est rationnel »[80] cache un tour de passe-passe métaphysique : « l'histoire, d'après ce que [Hegel] affirme, est rationnelle ; mais bien entendu cette rationalité est une raison non historique, c'est, au contraire, avec de légères modifications, celle qu'on connaissait depuis Aristote et qui, dès lors, fut reconnue comme l'opposé de l'historicité, à savoir : l'invariable, l'éternel. Je pense qu'il est urgent de renverser la formule de Hegel et de dire que, bien loin que l'histoire soit rationnelle, il se trouve que la raison même, la raison authentique est historique.[81] » Cette raison historique, nous avons dit ce qu'elle était : narration de la dialectique *concrète* de la vie qui n'est jamais ni tout à fait hasard ni tout à fait nécessité.

Au total, il est clair qu'il n'y a pas, qu'il ne peut pas y avoir, de philosophie de l'histoire proprement dite chez Ortega. Le philosophe ne dispose d'aucun privilège lui permettant d'entrevoir par le concept un *sens* inaccessible à l'historien. Mais en pensant de façon adéquate l'historicité, il indique la façon philosophique de comprendre et d'écrire l'histoire. C'est pourquoi Ortega s'est fait si souvent historien. Une fois les principes éclaircis, en écrivant « de » l'histoire, il ne fait rien d'autre que mettre en œuvre l'instrument d'analyse de la réalité radicale qu'il a conçu : il ne fait rien d'autre que de la philosophie.

---

79. *Obras*, V, 40.

80. Hegel, *Principes de la philosophie du droit*, Gallimard, coll. « Idées », p. 41 : « ce qui est rationnel est réel et ce qui est réel est rationnel ».

81. *Origine et épilogue de la philosophie*, *in Obras*, IX, 366.

Épilogue

Nul ne peut décider la part qu'a prise Ortega dans la construction de notre monde politique et au fond cela importe peu. Il fut – c'est un fait – le maître incontesté d'au moins deux générations de jeunes Espagnols [1] par l'université, la presse et le livre, il le fut plus largement des mêmes générations d'Européens et d'Américains grâce aux traductions et à la diffusion de ses œuvres, par les nombreux colloques aussi, séminaires, entretiens auxquels il participa à l'étranger.

Il eut sans cesse en vue la renaissance, la réhabilitation de l'Espagne comme une des grandes nations européennes. Celles-ci en effet n'ont accédé au statut de « nations », au sortir de la féodalité, que dans le cadre européen. Par le jeu des alliances comme par l'effet des guerres, le développement de chacune fut toujours dépendant de celui des autres. C'est parce qu'elles furent *européennes* qu'elles devinrent des *nations*. C'est la leçon principale qu'Ortega retient de Guizot qui fut sans doute l'un des premiers à écrire une « Histoire générale de la civilisation en Europe » [2].

Nul ne peut estimer l'influence d'un intellectuel. Mais on peut être assuré que ceux qui orientent l'opinion publique, que l'opinion publique elle-même n'ont pas été indifférents aux idées-force d'Ortega. Elles ne furent que des idées, *vox clamantis in desierto*, la voix d'un intellectuel de bonne trempe, qui essayait simplement de ne pas mentir. Elle fut parfois mal

---

1. Voir sur cet aspect biographique, Marías, *Ortega*, Madrid, 1983 et *Una vida presente*, Madrid, 1988.

2. Guizot, *Histoire générale de la civilisation en Europe depuis la chute de l'Empire romain jusqu'à la Révolution française*, Paris, 1840.

comprise lorsqu'elle était utilisée par l'esprit partisan. Pour l'intelligentsia française Ortega a longtemps représenté un type intellectuel inassimilable. En avance, incontestablement, non pas sur l'histoire, mais sur l'interprétation qu'on en donnait généralement. C'est parce qu'il fut un modèle intempestif qu'il devient notre contemporain le plus lucide, le plus « utile ». Il a pu apparaître trop homme d'action, au regard de la pureté de la pensée critique. Il apparaît en revanche, pour les tenants de l'engagement, comme pas assez « compromis » c'est-à-dire, soyons clair, pas assez aveuglément fidèle aux consignes d'un parti historique. C'est un type d'organisme intellectuel inédit parce qu'il échappe au dualisme rassurant : soit on est un homme à idées, soit on s'en remet aux consignes de l'homme d'action.

L'histoire est lente. Les temps historiques sont de longue durée et l'avenir est plus vaste que notre passé proche. Ortega est l'homme du matin, comme il le dit lui-même. L'homme qui réveille.

Bibliographie

Œuvres d'Ortega :

L'édition de référence est *Obras Completas*, 12 volumes, Alianza Editorial, Revista de Occidente, Madrid, 1983 (désignée par *Obras*, tome, page).

Il existe une édition de poche : *Obras de José Ortega y Gasset*, Colección editada por Paulino Garagorri, Revista de Occidente en Alianza Editorial, Madrid, 1984-1988. Cette édition, qui comporte à ce jour 32 volumes, ne suit pas le classement des *Obras Completas* mais comporte quelques inédits.

Epistolario completo Ortega-Unamuno, Ediciones El Arquero, Madrid, 1987.

Cartas de un joven español, edición y notas de Soledad Ortega, Ediciones El Arquero, Madrid, 1991.

Traductions françaises :

La Révolte des masses, trad. Louis Parrot, Stock, 1937, repris en coll. « Idées », Gallimard.

L'Évolution de la théorie déductive, trad. Jean-Paul Borel, Gallimard, Paris, 1970.

Œuvres Complètes I, *Qu'est-ce que la philosophie ? Leçons de Métaphysique*, trad. Yves Lorvellec et Christian Pierre, Klincksieck, Paris, 1988 (désignées par *Œuvres*, I).

Œuvres Complètes II, *Aurore de la Raison historique*, trad. Yves Lorvellec et Christian Pierre, Klincksieck, Paris, 1989 (designées par *Œuvres*, II, page).

Œuvres Complètes III, *Velázquez et Goya*, trad. Christian Pierre, Klincksieck, Paris, 1990.

Le Spectateur, trad. Christian Pierre, Ed. Rivages, Paris, 1992.

Bibliographie secondaire :
Marías, Julián : *Philosophes espagnols de notre temps*, Aubier, Paris, 1954.
Ferater Mora : *Ortega y Gasset, Etapas de una filosofía*, Seix Barral, Barcelona, 1958, 1973.
Borel, Jean-Paul : *Raison et vie chez Ortega y Gasset*, Éd. de la Baconnière, Neuchâtel, 1959.
Guy, Alain : *Ortega y Gasset ou la raison vitale et historique*, Seghers, Paris, 1969.
Garagorri, Paulino : *Introducción a Ortega*, Alianza Editorial, Madrid, 1970.
Marías, Julián : *Ortega I, Circunstancia y vocación ; II, Las Trayectorias*, Alianza Editorial, Madrid, 1983.
Ortega Spottorno, Miguel : *Ortega y Gasset, mi padre*, Planeta, Barcelona, 1983.
Ortega Spottorno, Soledad : *José Ortega y Gasset. Imagenes de una vida, 1983-1955*, Ministerio de Educación y Ciencia, Fundación José Ortega y Gasset, Madrid, 1983.
Molinuevo, J. L. : *El idealismo de Ortega*, Narcea S.A. de Ed., Madrid, 1984.
Rodriguez Huéscar, Antonio : *Perspectiva y verdad*, Alianza Editorial, Madrid, 1985.
Sánchez Cámara, Ignacio : *La Teoría de la minoría selecta en el pensamiento de Ortega y Gasset*, Tecnos, Madrid, 1986.
Marías, Julián : *Una Vida presente*, Alianza Editorial, Madrid, 1988.
Dust, Patrick *et alii* : *Ortega y Gasset and the Question of Modernity*, The Prima Institute, Minneapolis, 1989.

Table des matières

Prologue 9

I. L'engagement intellectuel 17
I – L'intellectuel face à l'action 17
II – L'engagement de l'intellectuel 31
III – La place de l'intellectuel dans la société 42

II. Une philosophie de la vie 51
I – La recherche d'un fondement radical 51
II – Le concept de vie 61
III – Les catégories de la vie 71

III. La société, la politique, l'histoire 85
I – Élites et masses : l'absence des meilleurs 86
II – La théorie du social 93
A – La découverte d'autrui 94
B – Les faits sociaux 96
C – L'usage 99
D – Deux exemples : le salut et le langage 101
E – Opinion publique et pouvoir public 104
III – L'État 107
IV – Histoire et historicité 111

Épilogue 117

Bibliographie 119

Titres parus
dans la même collection

Cicéron, l'Avocat et la République
Pierre-François Mourier

Hannah Arendt, l'Obligée du monde
Jean-Claude Eslin

Paul Ricœur, la Promesse et la Règle
Olivier Abel

Marcel Gauchet, la Genèse de la démocratie
Marc-Olivier Padis

Tocqueville, l'Apprentissage de la liberté
Laurence Guellec

Balzac, l'Injustice de la loi
Pierre-François Mourier

Voltaire, le Procureur des Lumières
Ghislain Waterlot

Fritz Lang, le Jugement
Michel Mesnil

François Mitterrand, le Fil d'Ariane
Laurence Engel

Portalis, l'Esprit de justice
Marceau Long et Jean-Claude Monier

Claude Lefort, la Découverte du politique
Hugues Poltier

Orson Welles, la Règle du faux
Johan-Frédérik Hel-Guedj

La Palabre, une Juridiction de la parole
Jean-Godefroy Bidima

Foucault, la Police des conduites
Jean-Claude Monod

Sade, le Corps constituant
Hugues Jallon

Lévinas, le Passeur de justice
Jean-François Rey

Le Fédéraliste, la Démocratie apprivoisée
Laurent Bouvet et Thierry Chopin

Nietzsche, cruauté et noblesse du droit
Paul Valadier

Michelet, la Magistrature de l'histoire
Olivier Remaud

Cassirer, la Politique du juste
Bertrand Vergely

Rabelais, fais ce que tu voudras
Thierry Pech

Patočka, l'Esprit de la dissidence
Alexandre Laignel-Lavastine

Concorcet, instituer le Citoyen
Charles Coutel

Kant, la Raison du droit
Colas Duflo

La Tragédie grecque, la Scène et le tribunal
Frédérico Picco

La Thora, la Législation de Dieu
Raphaël Draï

Schumpeter, la Démocratie désenchantée
Lucien-Pierre Bouchard

Hobbes, L'Ordre et la liberté
Norbert Campagna

Vaclav Havel, La force des sans-pouvoir
Jean Picq

Pascal, La condition de l'homme
François Chirpaz

Habermas, Ou l'espoir de la discussion
Yves Cusset

Merleau-Ponty, La Chair du politique
Myriam Revault d'Allones

Michaël Walzer, Le pluralisme et l'universel
Justine Lacroix

Marx, Aux origines de la pensée critique
Dick Howard

Jean Calvin, Puissance de la loi et limite du Pouvoir
Denis Müller

Cet ouvrage a été achevé d'imprimer
par l'Imprimerie Sagim à Courtry
en novembre 2001
pour le compte des éditions Michalon

Dépôt légal : novembre 2001
N° d'édition : 0156
N° d'impression : 5147